대학생은 처음이라

처음이라 2

대학생은 처음이라

1판 1쇄 인쇄 2019년 2월 27일 | **1판 2쇄 발행** 2020년 10월 1일

글쓴이 고준우 | **그린이** 임지이

펴낸이 임중혁 | **펴낸곳** 빨간소금 | **등록** 2016년 11월 21일(제2016-000036호)

주소 (01021) 서울시 강북구 삼각산로 47, 나동 402호 | **전화** 02-916-4038

팩스 0505-320-4038 | **전자우편** jioim99@hanmail.net

ISBN 979-11-965859-1-4 (03300)

• 책값은 뒤표지에 있습니다.

대학생은 처음이라

고준우 글 | 임지이 그림

빨간소금

대학생의 생활, 노동, 공부에 관한 실전 사례와 지침을 제공하고 있다는 점에서 무척 실용적인 책이다. 하지만 이 책의 진가는 대학의 본질과 대학생으로서의 정체성에 대한 성찰이 책 곳곳에 스며들어 있다는 점에 있다. 대학 생활을 잘하고 싶은 대학생들은 물론이고, 대학의 미래를 걱정하는 모든 이들에게 묵직한 질문거리를 던져준다.

— 홍성수(숙명여대 법학부 교수,《말이 칼이 될 때》저자)

이 책에는 대학 생활이 '처음'일 학생들을 위한 '꿀팁'들이 가득 담겨 있다. 아울러, 기성세대들에게 이 책은 지금의 대학생들을 이해하는 '오리엔테이션 북(orientation book)'으로 요긴하겠다. 후반부의 대학과 대학생의 정체성에 대해서는 찬반이 엇갈리겠지만, 사라진 줄 알았던 이 땅의 '청년다움'이 살아 있음을 확인할 수 있다는 점에서는 누구에게나 권하고 싶은 책이다.

— 안광복(중동고 철학교사,《처음 읽는 서양 철학사》저자)

이 책의 키워드는 '대학생의 목소리'인 것 같습니다. 대부분 타자의 목소리와 이미지로 묘사되던 대학 생활을 학생의 입장에서 직접 그려내고 있습니다. 저자 고준우는 '치열한' 대학생이었습니다. 그가 대학이라는 구조 속에서 고민하고, 생활하고, 행동했던 경험들이 녹아 있습니다. 독자들에게 친절하지만 만만치 않은 도전을 주는 책입니다. 젊은이들에게 어떻게 자신의 삶을 만들어갈 것인가를 묻고 있네요.

― 김철규(고려대 사회학과 교수)

차례

대학생이 말하는
대학 생활

대학생. 여러분은 대학생이란 말을 들으면 어떤 이미지가 떠오르나요? 누군가에게 대학생은 선망의 대상입니다. 찬란한 젊음을 누리며 정의를 위해 목소리를 내기도 하는, 무궁무진한 잠재력을 지닌 존재들이죠. 특히 대학에 들어가려는 사람들에게 이렇게 장밋빛으로 그려지곤 합니다. 그러나 누군가에게 대학생은 경멸의 대상에 불과합니다. 딱히 노력도 하지 않으면서 투정만 부리는 이기적인 청년 세대의 표상입니다. 또 다른 누군가에게 대학생은 동정의 대상입니다. 학자금 대출에 시달리고 생활비 마련을 위해 젊음을 희생하는 가엾은 존재들이죠.

이렇게 사람들은 각자 대학생의 삶에서 가져온 한 단면을 일반화해서 이야기하곤 합니다. 그러나 실제 대학생의 삶은 복잡하게 얽힌 서로 다른 측면들로 구성되어 있습니다. 대학생은 선망의 대상이 아닙니다. 살아남기 위해서 학점 관리하랴, 일하랴, 졸업 준비하랴 바쁘고 고됩니다. 이전 세대의 대학생들처럼 '역사는 더 나은 방향으로 나아가며 그 동력은 대학생(청년 지식인)'이라는 믿음과 서사를 공유하고 있지도 않습니다. 자기 삶을 유지하느라 여념이 없죠. 1학년에서 2학년 사이의 몇몇 기간을 제외하면 진로 걱정 때문에 자유롭다고 느낄 만한 구석이 많지 않습니다.

그렇다고 해서 대학생이 경멸의 대상일까요? 각자도생으로 뿔뿔이 흩어져 제 살길만 찾는 이기적인 대학생들? 아뇨, 그렇게만 볼 수도 없습니다. 자기 삶을 지키기 위해 분투하는 가운데서도 더 나은 삶을 위해 노력하는 대학생들이 있습니다. 자기 현장을 만들고 찾아가는 사람들이죠. 예술과 문학에서, 스포츠에서, 학문에서, 그 외 다양한 영역에서……. 게다가 이전 세대가 포기해버린 정치 운동 위에서 '새로운 방식'으로 현장을 만들고 발버둥치는 대학생들도 아직 많습니다. 이들은 주류 사회에 진입하고자 운동을 등진 사람들의 과거이자, 그들이 보지 못한 미래입니다.

그래서 대학생은 동정의 대상일 수 없습니다. 측은하게 바라보고 시혜를 베풀어야 할 대상이 아닙니다. 오히려 이 시대가 진지하게 마주해야 할 하나의 변화입니다. 바깥에서 이러저러한 딱지를 붙이기 이전에 대학생 스스로 발화하고 토론하고 만들고 책임질 수 있는 기회를 더 많이 마련해야 합니다. 이 말은 그런 기회들을 더 내놓으라는 요구이기도 하지만, 대학생들이 그런 기회를 붙잡으려고 할 때 방해하지 말라는 경고이기도 합니다. 한때 대학생이었다고 해서 모든 것을 알고 있다는 식으로 말하는 것은 대학생들의 말할 권리를 빼앗고 과거의 서사로 현재를 덮어씌우는 태도일 뿐입니다.

지금껏 대학생의 삶이 총체적으로 다뤄지지 않았던 까닭은 당사자들의 목소리를 배제했기 때문입니다. 대학생들의 목소리 대신 다른 이들의 편견에 의해 박제된 공허한 이미지들만 켜켜이 쌓였습니다. 그 사이 대학생으로 산다는 것을 진지하게 고민하려는 사람들에게 도움이 될 만한 이야기들은 자취를 감추었습니다. 한번 묻고 싶습니다. 이 책 이전에 어디에서라도 대학생으로서 이렇게 살아남아야 한다, 대학생이라면 이렇게 살아갈 수 있다는 대학생의 목소리를 만난 적이 있나요? 기성세대가 아프니까 청춘이라느니, 미래의 성공을 위해 참고 견디라느니 하는 공허한 말들을 주워섬기는 경우를 빼고 말입니다.[1] 그래서 저는 이 책을 출판사로부터 제안 받았을 때, 부족한 능력을 감안하고서라도 꼭 써야겠다고 생각했습니다. 대학생이 말하는 대학생 이야기를 필요로 하는 독자들이 어딘가에 있을 거라고 확신했기 때문입니다.

책 내용을 구상하면서 몇 가지를 염두에 두었습니다. 첫째,

제가 대학생으로 살면서 느끼고 고민한 내용들을 솔직하게 담아내자는 것이었습니다. 일반화할 수 없는 내용이더라도, 무언가 메시지를 전달해야 한다면 가감 없이 이야기했습니다. 이야기에 대한 해석은 온전히 독자들의 몫으로 남겨둔 셈입니다. 둘째, 대학생으로서 주어진 조건에서 살아남기 위해서는 무엇이 필요한지, 능동적으로 살아가려면 어떤 고민을 해야 할지에 대해 써야겠다고 생각했습니다. '너는 너의 삶을 살아라'라는 식으로 그럴싸하게 포장하기 싫었습니다. 그런 글은 십중팔구 삶의 객관적 조건들을 무시하라고 조언하니까요. 그렇다고 '세상은 이렇게 냉혹하니까 세상의 요구들에 잘 맞춰야 해'라는 식의 삭막하고 딱딱한 지침도 싫었습니다.

그래서 대학생으로 산다는 것에 대한 이중적인 고민이 이 책에 녹아들었습니다. 바로 '살아남는 것'과 '살아가는 것', 곧 '생존'과 '생활'입니다. 전자는 대학생으로 살아남기 위해서 해야 할 일들이고, 후자는 대학생으로 살아가기 위해서 해야 할 고민입니다. 이에 따라 1부 '대학에서 살아남기'에서는 입학해서 졸업하기까지 알아두면 좋을 정보를 다루었습니다. 대학마다 조건이 달라 섣불리 일반화하기는 어렵겠지만, 대학생들에게 도움이 될 만한 내용들로 채우고자 했습니다. 2부 '대학생으로 살아가기'에서는 대학생으로 살아가는 의미에 대해 썼습니다. 자유롭게 살기 위해서 제가 어떻게 대학을

'현장'으로 삼아 공부하고 실천했는지를 가감없이 드러냈습니다. 1부에 비해 조금 더 자유롭게 제 이야기를 했어요.

모든 책들이 그렇지만, 이 책을 위해서 많은 분들이 도와주셨습니다. 우선, 그림을 그린 임지이 작가님께 감사드립니다. 임 작가님은 1996년 대학에 입학해 IMF를 관통한 세대입니다. 그의 대학 시절 이야기가 책에 그림으로 담겨 있습니다. 요즘 대학생들의 삶과 비슷한 면도 있고 다른 면도 있습니다. 비교하며 보는 재미가 쏠쏠할 겁니다. 또한 원고를 읽고 의견을 준 배진태, 강형모, 이도경, 김동현 학우에게 감사합니다. 욕심을 부리다보니 무겁고 투박해진 졸고를 조금이라도 읽을 만한 수준으로 바꿀 수 있었던 데에는 이들의 도움이 컸습니다. 그리고 항상 대학을 현장으로 삼아 고민과 실천을 함께하는 대학연구네트워크의 동료들에게도 감사의 마음을 전합니다. 특히 한성진, 이동현 두 학우와 함께 나눈 깊이 있는 대화들이 없었다면 책의 내용을 채우기 쉽지 않았을 겁니다. 항상 제가 어떤 활동을 하더라도 믿고 응원해준 가족들, 특히 졸업 준비와 법학전문대학원 진학을 목전에 두고도 책 쓰기에 열중하는 자식의 다소 철없는 도전까지 용인해주셨던 부모님께 이 책을 바칩니다. 정말 고맙습니다.

고3 수험생의 고민

〈사랑이 꽃피는 나무〉, 〈우리들의 천국〉을 보니
대학생은 다 예쁘고, 멋지고, 세련됐다.

한 글자라도 더 봐야 할 고3 시절,
나는 이런 걱정을 하고 자빠졌다...

그랬다. 96년 초봄,
나는 한 마리 울진산 오징어였다.

하지만 외롭지 않았다.
전국 각지에서 올라온 대구, 명태, 꼴뚜기,
꼬막, 옥돔, 고등어, 꽁치, 과메기, 가자미가
나를 반겨주었으니까.

안녕, 꼴뚜기 오빠!

지이야, 안녕?

Bok Hak

안녕?

안녕, 새내기.

대학생으로 살아남기

나 이러다가
아싸 되는 거 아냐?

대학에 갓 입학한 새내기가 제일 먼저 하는 고민은 아마 인간관계일 겁니다. 상급 학교로 진학할 때마다 생기는 일이지만, 지금까지 친하게 지내던 사람들과 떨어져 낯선 환경에 적응해야 하니까요. 특히 대학에서의 인간관계는 더 어렵게 느껴지는 측면이 있습니다. 크게 두 가지 이유 때문인데요.

첫째, 상이하고 다양한 인적 구성입니다. 고등학교까지는 동급생들이 비교적 동질적인 집단으로 구성되어 있었습니다. 요즘이야 전국 단위에서 학생들을 모으는 자율형사립고등학교가 많이 늘었지만, 대부분의 고등학교에는 가까운 곳에 사는 비슷한 생활 조건을 지닌 학생들이 모이죠. 그럼 대학은? 전국에서 각기 다른 생활 조건을 지닌 학생들이 모입니다. 그래서 말 붙이기도 힘들고 공통의 관심사를 찾기도 쉽지 않습니다. 고교 신입생 시절에는 "어디 중학교 나왔어?"라고 말을 걸면 비교적 자연스럽게 말문을 틀 수 있었습니다. 그런데 이제 "어디 고등학교 나왔어?"라고 물으면, 모르는 고등학교 이름이나 듣고 멋쩍게 대화가 끊기곤 합니다.

둘째, 생활 단위가 달라집니다. 중고등학교 시절에는 학급을 중심으로 생활하므로 하루의 대부분을 같은 반 친구들과 보낼 수 있었습니다. 밥도 같이 먹고 수업도 같이 들었죠. 일상을 공유하면서 친밀도가 높아집니다. 그런데 대학에 오면 사정이 달라집니다. 자기가 원하는 강의를 골라서 듣기 때문에 생활 영역이 많이 겹치지 않습니다. 그래서 친구를 사귀려면 따로 공통의 생활 영역을 만들어야 합니다. 공통의 관심사를 가진 친구들끼리 단톡방을 파서 먹거리 탐방을 간다든지, 피시방이나 노래방에 함께 간다든지……. 돈이 드는 경우가 많으니 경제적인 부담도 생기죠.

이처럼 대학에서는 친구 사귀는 일이 중고등학교에서보다 쉽지 않습니다. 그래서 많은 새내기들이 '아싸(outsider)가 되면 어떻게 하지?'라며 걱정합니다. 새내기들은 아싸가 될까 봐 학기 초에 열리는 새터, 총회, 엠티, 축제 따위에 열심히 참여하기도 합니다. 새터란 '새내기 새로 배움터'의 줄임말로, 입학 예정인 학생들을 모아 합숙하면서 학과의 문화에 대해 배우고 신입생으로서 알아두면 좋을 팁들도 익히는 과/반 공동체 사업입니다.

관계를 맺기 전에 생각할 것

그런데 아싸가 되지 않기 위해 몸부림치기 전에 몇 가지 생각할 게 있습니다. 내가 어떤 사람이고, 어떤 관계를 필요로 하는가입니다. 이걸 생각하지 않고 무작정 사람을 사귄들 관계가 잘 유지될 리 없습니다. 진지한 생각 없이 쉽고 가볍게 사귄 친구는 그만큼 쉽게 사라집니다. 특히 동기들이 군대를 가거나 교환학생으로 떠나는 2~3학년이 지나고 나면, 주변 인간관계가 통째로 증발해버릴 가능성이 높습니다. 어떻게 관계가 유지된다 하더라도 내가 불편함을 느낀다면 그건 없느니만 못할 테고요.

따라서 내가 그동안 사람들과 어떤 관계를 맺어왔는지 되짚는 것이 좋습니다. 왜냐하면 '나'라는 개인은 여러 사람들과 관계없이 만들어질 수 없기 때문입니다. 인간은 타인과 관계를 맺으면서 사회적으로 의미 있는 행위를 하는 하나의 '인격'으로 성장합니다. 그 인격의 내용으로서 나름의 '정체성'도 갖게 되고요. 그러므로 지금까지 나를 만들어온 인간관계나 정체성의 어떤 면모를 강화하거나 바꾸고 싶은지에 기초해서 지금 내게 필요한 관계를 판별하면 좋습니다. 하지만 처음부터 거창할 필요는 없어요.

"나는 배드민턴이 너무 좋았는데, 고3 때 배드민턴을 할 친구와 시간이 없어서 너무 고통스러웠다. 나는 배드민턴을 같이 할 친구가 필요하다."

"나는 영어를 잘 못하는데 대학에서 영어를 좀 배우고 싶다. 미국 드라마라도 함께 보면서 이야기를 나눌 친구가 필요하다."

"나는 고등학생 때 참여했던 촛불 집회가 인상에 깊게 남았다. 사회적으로 가치 있는 일을 하는 것에 관심이 있는 친구가 있으면 좋겠다."

이런 판단부터 먼저 내려 보세요. 그러면 무엇을 중심으로 사람들과 이야기를 풀어갈지가 보일 겁니다. 자신이 좋아하고 잘하는 대상이 아니라, 소위 말하는 '인싸(insider)'들의 취향이나 유행에 맞춰서 이야기를 풀면 혀가 꼬이기 마련입니다. 내가 유행에 민감하고 대중적 취향에 잘 들어맞는 사람이라면 모를까, 그렇지 않다면 대화 소재도 못 찾고 오히려 몰개성한 사람으로 취급당할 수 있습니다. 무엇보다 인싸가 구체적인 자격 요건이 있다기보다, 그때그때 바뀌는 대학 내 주류 문화에 대한 적응 정도를 중심으로 만들어진 느낌적인 느낌일 뿐입니다. 그렇다면 실체도 없는 인싸가 되는 데 집착할 필요가 있을까요? 많은 새내기들이 인싸를 지나치게 의식한 나머지 아싸가 된다는 감각에 몸서리치는 건 아닌지 모르겠습니다.

제가 이 말을 강조하는 까닭은 새내기 시절에 과/반 문화에 적응하려고 무리하다가 오히려 고통만 받는 경우가 숱하기 때문입니다. 가장 대표적인 예가 술자리예요. 놀이 문화가 빈곤한 한국 사회에서 술은 전통적으로 친분을 쌓기 위한 매개체였습니다. 모든 학생회 친목 도모 사업에 술이 빠지질 않습니다. 새터에 가면 밤을 새서 술을 마시고, 엠티에 가도 밤을 새서 술을 마시고, 개강총회나 종강총회가 끝나면 뒤풀이로 술을 마시고……. 이러다보니 술을 많이 오래 마실수록 다른 학우들[2]과 보내는 시간도 길어지면서 인싸가 됩니다. 하지만 술을 좋아하지 않는데도 친목을 다지려고 무리해서 술을 마시는 건 의미가 없습니다. 결국에는 몸만 버릴 뿐이죠. 술로 쌓은 관계라면 술로 유지할 수밖에 없을 텐데, 바로 그 술이 자기를 해치고 있다면 진지하게 다른 관계를 생각해야 합니다.

저도 입학했을 때 대학의 음주 문화가 힘들게 느껴졌어요. 저는 수원에서 서울로 학교를 다녀야 해서 통학 시간이 길었습니다. 과/반, 동아리 행사에서 늦게까지 술자리가 이어지면 곤란한 게 이만저만이 아니었습니다. 당장 잠잘 곳도 마땅치 않은 데다 자고 일어나서 씻기도 힘들고, 초췌한 몰골로 1

교시 수업을 들으러 가야했으니까요. 그래서 저는 몇 번 고통을 당한 이후로는 2차, 3차로 이어지는 술자리에는 참석하지 않고 집으로 갔습니다. 가지 말라는 은근한 눈치를 받으면서 말이죠. 하지만 이제 와 생각하면 꼭 술이 아니더라도 학우들과 친해질 기회는 얼마든지 있었던 것 같습니다. 1학년 때는 동기들끼리 같은 전공 수업, 필수 이수 과목을 들어서 친해질 기회가 많았거든요. 불편한데도 자기를 다그치며 술자리에 앉아 있을 필요가 없었던 거죠.

다시 강조하지만, 건강하고 좋은 관계는 나를 희생시키지 않는 것으로부터 출발합니다. 그러니 무작정 인싸가 되기 위해서 스스로를 억압하고 남들이 듣고 싶어 하는 이야기에만 골몰할 필요가 없습니다. 인싸가 되는 데 골몰할수록 오히려 관계중독(relationship addiction)에 빠질 위험만 높아집니다. 관계중독이란 자기에게 해가 되는 관계라 하더라도 관계를 유지해야 한다는 강박 때문에 의존 상태에 빠지는 것을 말합니다. 대학은 생활공간이나 생활 단위가 유연하기 때문에 이전처럼 같은 반 안에서 친구들을 만들 필요가 없습니다. 수업을 같이 듣거나 동아리에서 같이 활동하면서 여러 가지 계기로 친해질 수 있습니다. 그러니 과/반 공동체에서 소외되는 것에 지나친 공포감을 갖지 않았으면 합니다.

이 이야기는 새내기 때 열의가 넘치는 학우들에게 하고 싶은 말이기도 합니다. 이런 학우들이 보통 자진해서 학번 대표가 됩니다. 해당 학번을 대표하는 일종의 학생 대표자가 되는 것이죠. 그런데 학번 대표직을 수행하다 보면 관계중독이 되기 쉽습니다. 제 주변에서 이런 경우를 많이 봤습니다. 모든 사람들에게 인정받는 대표가 되려고 술자리에 오래 남아 있고, 동기들과 좋은 관계를 유지하려고 무리하면서까지 책임을 집니다.

이런 책임감도 좋지만, 자신을 존중하는 태도 또한 필요합니다. 과/반 공동체의 공무에 헌신하기 위해서지, 인간관계 하나하나에 종속되려고 학번 대표를 하는 건 아니잖아요. 자신을 공동체의 부품처럼 취급해서는 안 됩니다. 아이러니하게도 그런 태도에 익숙해질수록 타인도 마찬가지로 대할 가능성이 높아집니다. 구성원들을 부품처럼 활용하는 데 익숙한 공동체는 안 좋게 끝날 수밖에 없습니다. 각종 노동(감정노동, 육체노동, 지식노동)에 지친 사람들이 피로감을 이기지 못하고 공동체를 이탈하는 일이 생기기 마련이거든요. 나뿐만 아니라 공동체를 지키기 위해서라도 서로가 서로를 존중하는 문화가 필요합니다.

관계를 맺으면서 고민할 것

그 다음 생각거리는 관계를 맺는 과정과 연결됩니다. 바로 "내가 타인을, 타인이 나를 대등한 인격체로 대하고 있는가?"라는 질문을 던져보는 겁니다. 대등한 인격체로서 상대방을 대한다는 것은 상대방을 내 쾌락을 위한 수단이 아니라, 나와 동등한 가치를 지닌 사람으로 대한다는 뜻입니다. 이때 '동일한 사람'이 아니라, '동등한 가치를 지닌 사람'으로 대하는 것이 중요합니다.

이 말이 조금 어렵게 느껴진다면, 소수자 정체성을 지닌 사람과 다수자인 사람이 친구가 되는 상황을 생각하면 쉽습니다. 이때 다수자란 우리가 흔히 '일반인'이나 '정상인'이라고 부르는 대상입니다. 하지만 일반인이나 정상인이라고 구태여 쓰지 않은 까닭이 있습니다. 《표준국어대사전》을 비롯해 일반적으로 통용되는 개념의 관계에 따르면, 일반인의 반대말은 특권층이고 정상인의 반대말은 비정상인입니다. 특권층은 절대 다수의 사람들은 누릴 수 없는 특별한 권리를 누리는 집단을 말합니다. 소수자적 정체성을 지닌 사람들은 소수이나 특권층은 아닙니다. 오히려 그들을 배제하고 차별하는 사회구조를 바꿈으로써 소위 일반인(인간)의 범주를 다양화·탈구축하고자 하는 집단입니다. 예컨대 이전까지 '인간'

이란 유럽-영미권의 백인 귀족 남성만을 의미했다면, 소수자 정체성(어린이, 흑인, 노예, 노인 등)을 지닌 사람들이 점차 인간의 범주로 들어오면서 일반인에 대한 관념이 새롭게 변모했습니다. 소수자는 일반인의 반대 개념이 아니라는 것을 알 수 있습니다.

다른 한편으로 정상이라는 말에는 '탈이 없다'라는 뜻이 있는데, 탈은 병이나 걱정할 만한 사고를 뜻합니다. 그러니 비정상인이라는 말에는 병이나 걱정할 만한 사고를 겪은 (정상으로 돌아가기 위한) '치료'의 대상이라는 뉘앙스가 숨어 있습니다. 그러나 개인의 정체성은 치료의 대상이 아닙니다. 정체성은 그 사람에게 있어 쉽게 교체할 수 없는 삶의 핵심으로서, 존중의 대상입니다. 그러니 이를 비정상이라고 말하는 것도 옳지 않습니다.

예컨대 이성애자가 성소수자와 친구가 되려고 한다고 해보죠. 그때 상대방이 나와 똑같은 관심사를 갖는다는 전제 아래 "이성 친구(여자 친구, 남자 친구)는 있어?"라고 묻습니다. 그럼 상대방이 당황하지 않을까요? 왜냐하면 연애 관계에 있는 애인(愛人)이 있느냐는 질문인데, 애인이라는 말의 범주를 이성에 국한하고 있으니까요. 성소수자인 상대방은 동성애자나 트랜스젠더일 수도 있고, 연애와 같은 낭만적인 관계에 무관심한 무성애자(Aromantic Asexual)일 수도 있는데 말이에요. 이런 질문은 사회에서 주류로 받아들여지는 이성애만을 연애나 사랑의 형태로 가정한다는 점에서 자기 정체성을 부정하는 느낌으로 다가올 수도 있습니다. 물론 맥락과 상황에 따라서 이런 질문이 별 무리 없이 받아들여질 수도 있습니다. 그러나 상대방과 친해지기 위한 관심의 표현이 자칫 소외감을 불러일으키는 불상사를 막기 위해서라도 이런 사고실험을 미리 해보는 게 좋습니다.

서울·수도권과 비수도권의 문제도 마찬가지입니다. 한국의 발전 과정에서 수도권은 다른 지방에 비해 지나치게 비대해졌습니다. 이게 얼마나 말이 안 되는 정도의 집중과 불균형인지를 간단한 통계로 살펴보겠습니다. 2010년대 이래로 서울은 약 $605km^2$의 면적을 유지하고 있습니다. 이는 전체 국토의 약 0.6%밖에 되지 않습니다.[3] 그런데 서울에 사는 인구는 약 1,000만 명에 달합니다. 이는 대략 한국 전체 인구의 20%에 달합니다. 이를 수도권(경기도와 인천)까지 확대하면, 한국 국토의 11% 남짓한 곳에 전체 인구의 약 50%가 집중되어 있습니다. 수도권은 단순히 인구만 많은 것이 아닙니다. 미국의 브루킹스연구소(Brookings Institute)가 조사한 2014 세계광역도시권조사지도(2014 Global Metro Monitor Map)에 따르면 서울·인천 권역은 세계의 대도시 광역도시권 중 도쿄, 뉴욕, 로스앤젤레스에 이어 4위에 달하는 GDP 규모를 자랑하고 있습니다.[4] 한국의 경제적·사회적 집중도가 매우 높다는 뜻입니다. 수도권에서 고등학교를 나와 수도권 대학에 진학한 학생이라면 자신이 얼마나 특수한 삶을 누리는지 한번쯤 생각할 필요가 있습니다. 그렇지 않으면 지방과 서울의 불평등에 대한 문제의식이 생기지 않을 수도 있습니다. 즉, 수도권에서의 삶을 당연한 표준으로 생각한 나머지 지방 사람들에게 차별적인 시선을 보낼 수도 있습니다. 남의 사투리를 (별다른 악의가 없다고 할지라도) 우스갯거리로 여기는 식으로요.

사람들은 종종 대등함을 동일함으로 착각합니다. 예컨대 내가 사회적 다수인 이성애자니까 상대방도 당연히 이성애 자일 것이라고 생각합니다. 하지만 대등함은 동일함이 아닙니다. 엄밀히 말하면 차이가 있음에도 불구하고(동일하지 않음에도 불구하고), 그 차이가 차별로 작용하지 않는 것입니다. 대등함은 모두가 존엄한 개인으로서 평등하게 대화할 수 있는 상황에서 비롯합니다. 우리는 자신의 고유함(uniqueness)을 이루고 있는 다양한 요소들(취향, 출신, 정체성 등)을 타인으로부터 존중받기를 원합니다. 그렇다면 상대방 역시도 나와 대등한 사람으로서 자기 정체성에 대한 존중을 원할 것이라는 판단 아래 그에 맞게 행동하는 것이 중요합니다.

그렇다면 대등한 인격으로 상대방을 대하기 위해서는 무

엇이 필요할까요? 바로 '적절히 훈련된' 역지사지(易地思之)입니다. '적절히 훈련된'이라는 단서를 붙인 까닭은 자기의 좁은 경험 세계로부터 스스로를 떨어트려 놓는 사고실험이 필요하기 때문입니다. 그렇지 않은 역지사지는 그냥 내 입장을 상대방에게 강요하려는 아집이 되기 쉽습니다. 적절히 훈련된 역지사지를 기르기 위한 방법을 하나하나 살펴볼까요?

먼저 예술의 힘을 빌릴 수 있습니다. 영화, 소설, 시처럼 특정한 시선에서 세계를 감각하고 표현하는 예술들을 만나는 것입니다. 그리고 작품에 대한 비평을 읽으면서 세계에 대한 다양한 관점을 이해하는 겁니다. 나와 다른 조건에 있는 등장인물이나 시적 화자에게 이입하면서 타인의 시선을 통해 세상 보는 법을 배우는 것이죠. 사회과학도 좋은 사고실험의 길잡이가 될 수 있습니다. 제가 앞에서 서울과 지방의 사례를 이야기하면서 통계를 인용했죠. 이처럼 사회과학적 방법을 통해서 세계를 추상적으로 이해하는 힘을 기를 수도 있습니다. 사회과학적 방법을 통해 나를 둘러싼 큰 현실을 스케치하고, 예술적 감수성을 통해 그 현실을 채우는 개별자들의 감정이나 사고, 행위 동기 등을 이해하는 연습을 충분히 하는 것입니다.

물론 역지사지의 자세가 모든 사안에 대해서 상대주의적인 태도를 취한다는 뜻은 아닙니다. 특정한 학문적·정치적 기준에 의해서 가치를 견주어야 할 사안이라면 토론을 통해 시비나 우열을 가려야 합니다. 그러나 평가 이전에 상대방에 대한 존중이 없다면, 우리는 학문이나 정치를 할 수 없습니다. 왜냐하면 거기에는 타인을 불가해한 대상으로 전락시키거나 도구화·대상화하려는 유아론적(唯我論的, solipsistic) 태도만 남을 테니까요.[5] 유아론적 태도란 오로지(唯, 오직 유) 자신(我, 나 아)만이 존재하는 것처럼, 내 의식만을 중요한 문제로 생각하는 태도입니다. 이해할 수 없는 대상은 소통할 수 없고, 소통할 수 없다면 인간적인 관계를 지속할 수 없습니다.

제가 이렇게까지 역지사지를 강조하는 까닭은 아까 말했듯이 대학생이 되면 급격히 넓어지는 인간관계 때문입니다. 고등학생까지는 비슷한 환경의 사람들과 생활했다면, 이제는 다른 환경의 사람들과 만나 관계를 맺습니다. 그러므로 관계를 맺을 때 더더욱 폭력적이지 않은 길을 찾는 것이 중요합니다. 여기서 임마누엘 칸트가 《도덕 형이상학을 위한 기초 놓기》에서 한 말이 빛을 발합니다. '이성적인 존재로서의 인간은 수단으로서만이 아니라 목적으로서 대해야 한다.' 나든 남이든 어떤 관계의 수단으로서 만들지 않고 평등하고 존엄한 대상으로서 존중하는 길, 그 길을 찾는 게 언제나 핵심입니다.

불평등한 관계 극복하기

지금까지는 어디까지나 '그렇게 해야 한다'라는 윤리적 차원의 이야기입니다. "대학 안의 인간관계가 진짜 그래?"라고 물으면 대답은 부정적입니다. 대학에서도 불평등한 관계 문제가 늘 제기됩니다. 대표적인 사례 한 가지만 이야기하겠습니다.

남톡방(남성 학우들만 모여 있는 톡방) 문제인데요. 최근 대학 남톡방에서 각종 언어 성폭력이 자행되어왔다는 사실이 알려지면서 큰 사회 문제가 되었습니다. 이런 일이 일어나는 까닭은 남성성(masculinity)에 폐쇄적인 공동체 문화가 더해져 폭력성을 배가시키기 때문입니다. 남성성은 다양한 요소들의 복합으로 이루어져 있지만, 대체로 여성에 대한 지배·소유 관념과 결부되어 있습니다. 남성성이 이해하는 세계에서 여성은 남성과 대등한 인격이라기보다, 아버지(남편)가 먹여 살리고 다스리며 대표하는 가족의 부속물이자 가족을 위해 헌신하는 존재입니다. 이는 예로부터 이어져온 뿌리 깊은 문제입니다. 유교적 질서에서 여성은 아버지, 남편, 아들의 말을 따라야 하는 삼종지의(三從之義)에 종속되어 있었죠. 고대 로마에서는 가부장의 가정에 대한 지배권을 임페리움(imperium)이라고 불렀는데, 이는 국가의 명령권을 뜻하기도 했습니다. 아버지(성인 남성)와, 성인 남성 자유민들이 통치하는 국가가 일체화되는 것을 볼 수 있죠. 실제로 자유민(시민 주체)을 남성과 등치시키는 관념은 오랜 기간 지속돼서 여성 참정권이 인정되기까지 오랜 시간이 걸린 원인이 되기도 했습니다. 가정을 대표해 공사(公事)에 나가는 것은 남성이, 여성은 남성을 뒷바라지하는 집사람으로 남아 있어야 한다는 구도가 지금도 차별을 재생산하고 있습니다.

실제로 드라마에서 흔히 봤을 "따님을 주십시오"라는 표현을 생각해보세요. 아니 왜 결혼을 하는데 당사자들의 의사만으로 충분하지 않고 여성 아버지의 허락을 또 얻어야 하죠? 가장(남성)이 다른 가족의 대표인 젊은 남성에게 여성을 양도한다는 구도 때문입니다. "아드님을 주십시오"란 말을 여성이 하지는 않잖아요? 하더라도 사회 통념상 어색하게 느끼고요.

이처럼 남성 중심적인 사회에서 남성성은 여성에 대한 지배·소유·교환을 핵심으로 합니다. 여성은 신체(가슴, 다리 등)로 평가되고 성적으로 소비·교환될 수 있는 소유물입니다. 남성들이 의식적으로 그렇게 한다기보다, 사회구조의 지배적인 경향이 그런 행동들을 '자연스러운 것'으로 받아들이도록 유도합니다. 남성은 지키고 보호하고 다스리고 구애하고 침탈하며(능동성), 여성은 보호받고 다스려지고 승인하고 침

탈되는(수동성) 존재라는 불평등한 젠더 역할 구조에 의해 남성성이 만들어집니다.

이런 이유들 때문에 여성의 신체를 평가·비교하고 각종 성희롱적 발언을 일삼는 것이 남성성을 강화하는 하나의 전략이 되곤 합니다. 나는 여성에 대해 지배적·공격적인 태도를 취할 수 있다는 점을 서로 확인하고 인정하는 것이죠. 여기에 폐쇄적인 공동체 문화가 결합하면서 문제는 더욱 격화됩니다. 외부에 공통의 혐오 대상을 설정함으로서 내부 결속력을 강화하는 배타적 문화가 만들어지기 때문이에요. 이러한 문화가 한번 만들어지기 시작하면 내부의 폭력성은 자정 효과를 기대할 수 없을 만큼 극단으로 치닫습니다. 이런 집단에서는 모두가 '다른 의견'을 내는 데에 두려움을 느껴 소극적으로 변할 수밖에 없습니다. 다른 의견이 나오지 않는 공동체는 억견에 사로잡히기 마련입니다. 공개적으로 하지 못할 성희롱이나 음담패설을 자연스럽게 주고받는 데에는 이런 배경이 있습니다.

이는 아까 말한 평등한 관계 맺음의 윤리, 상대방을 인격으로서 존중하고 내 쾌락이나 즐거움의 수단으로 삼는 않는 태도에 정면으로 위배됩니다. 이런 문제를 막기 위해서라도 '적절히 훈련된 역지사지'가 필요합니다. 남성으로서의 자기 경험 세계를 넘어서 타자의 경험 세계에 들어가보려는 노력을 게을리해서는 안 되는 것이죠. 게을러지는 순간 "아, 우리도 충분히 괴로운데 왜 너만 우는 소리를 내냐?", "아는 사람만 없으면 괜찮은 거 아냐?"라며 도리어 약자의 입을 틀어막을 가능성이 높습니다. 자기 고통을 이유로 정당한 문제 제기를 좌절시키거나, 평등한 공동체 문화를 해치는 행위를 하고도 당사자만 모르면 그만이라는 태도는 분명 잘못입니다.

이런 문제를 해결하기 위해서 다양한 실천들이 필요합니다. 불평등한 젠더 위계를 넘어서서 평등한 과/반 공동체를 만들고자 여러 가지 고민을 해볼 수 있어요. 성 평등 의식을 고취시키기 위한 학생회 내부의 조직, 또는 성폭력을 예방하고 해결하기 위한 내부 규약을 만들자고 제안할 수 있습니다. 그러나 제도적 해결책과 더불어 무엇보다 필요한 것은 이 상황이 문제적이라는 공통의 인식, 공통의 감각을 확대해나가는 일입니다.

대학에서 사람을 찾으려면

좋은 인간관계가 뭐고 그걸 위해서 무엇을 고민하고 경계해야 되는지는 알겠는데, 그럼 어디 가서 사람을 찾아야 할까요? 대학은 기본적으로 사람들과 만날 기회가 넘쳐납니다. 그

가운데 새내기들이 관심 가질 법한 대표적인 경로들(사실상 다양한 학생 조직들)을 소개하겠습니다.

- **과/반 공동체** : 학생회 행사를 통해 자주 만날 수 있으므로 최초의 친밀한 인간관계는 여기서 만들어질 가능성이 높습니다. 반드시 이수해야 하는 전공 필수 과목은 보통 한 학번이 함께 수강하는 경우가 많습니다. 같은 과목에서 공부하는 내용을 공유하고, 조별 과제를 하고, 학기 초에 동기 혹은 선배와 식사 약속을 잡다보면 친해지는 건 금방입니다. 탐색전이라고 생각하고 적극적으로 과/반 행사에 참여하는 것도 좋은 방법입니다.
- **단과대학/학과 소속 소모임** : 훨씬 친밀하고 끈끈한 관계를 맺고 싶다면 관심사에 맞는 소모임에 들어가면 됩니다. 관심사가 일치하는 경우에 서로 교류도 많아지면서 인간관계가 돈독해지니까요. 물론 마음이 맞는 친구들과 의기투합해서 소모임을 만들고 학생회에 정식 등록을 해서 지원을 받아내는 것도 가능합니다. 이 경우에는 대학, 단과대학, 학과마다 기준이나 요건이 다르니 자기가 속한 단위의 회칙을 찾아 보세요.
- **중앙동아리** : 한 학과, 한 단과대학에 국한되지 않고 여러 학생들이 가입할 수 있는 동아리를 중앙동아리라고 부릅니

다. 보통 중앙동아리들이 모여 독자적인 학생회 기구로서 동아리연합회(동연)를 구성합니다. 동아리연합회에서는 소속 동아리들의 발전을 위해서 동아리들의 명단을 수합해 소개 책자를 만드는 경우가 있습니다. 이런 책자나 동아리연합회 홈페이지 등을 참고해서 관심 있는 동아리가 있는지 살피세요. 의외로 생각하지도 못했던 흥미로운 활동을 하는 동아리를 발견할 수도 있습니다.

• **연합동아리** : 하나의 대학에만 소속된 것이 아니라 여러 대학에 걸쳐서 회원들을 모집해 활동하는 동아리를 말합니다. 보통 같은 이름을 쓰고 뒤에 'OO대학지부'라고 표시합니다. 이런 동아리들은 다른 대학까지도 인간관계를 확장하고 싶은 사람들에게 추천합니다.

• **학생회 집행부** : 흔히 말하는 학생회는 '학생회 집행부'를 말합니다. 학생회는 사실 그 단위에 소속된 학우 전체를 회원으로 삼거든요. 만약 자신이 학생 자치에 관심이 많고 다양한 사업들을 꾸려보고 싶다면 학생회 집행부로 들어가는 것도 좋습니다. 성실하게 활동하는 학생회 집행부일수록 격무에 시달리지만, 같이 집행부를 한 사람들과는 (의견 대립이나 사건 사고가 없었다면) 이후로도 오랜 기간 친밀한 관계를 유지할 확률이 높습니다.

• **외국인 학생회** : 유학생들이나 교환학생들을 중심으로 결성

된 학생 조직들이 있습니다. 학생회의 형태를 띠기도 하고 동아리 형태를 띠기도 하는데요. 보통 외국인 학생들의 학교 적응과 친목 도모를 위해서 내국인 학생들을 받습니다. 어학 공부도 하고 인간관계도 확장하고 싶다면 이런 학생회를 찾아가는 것도 좋은 방법입니다.

- **학생 사업 기획단** : 학생회 집행부와 비슷하지만 좀 더 단기간에 업무가 집중된 프로젝트 팀을 말합니다. 대표적으로 축제 같은 사업에 주로 이런 단기 기획단이 많이 결성됩니다. 축제처럼 큰 규모인데다 많은 사람들의 의견을 반영할 필요가 있는 사업의 경우에는 집행부에서 모두 처리하는 것보다 기획단을 꾸리는 것이 더 효과적이거든요. 기획단에서는 부족한 인력을 충원하고자 공개적으로 단원을 모집하는 경우가 있습니다. 기획단에 들어가 자신이 원하던 사업도 해보고 서로 의견이 잘 맞는 친구들을 사귀는 것도 좋은 인간관계를 만드는 전략입니다.

그렇다면 이런 다양한 활동을 어떻게 알아낼까요? 3~5월에 학교의 각종 게시판들과 과/반 학생회 톡방을 주목하세요. 신입생들이 처음으로 학기를 보내는 1학기, 특히 그 첫 시작인 3월에는 리크루팅을 준비하는 모든 단위들이 자기를 홍보하고자 게시판에 홍보물을 게시합니다. 따라서 게시판만 잘 봐도 흥미로운 활동이나 공동체를 찾을 수 있습니다. 또 과/반 공동체 활동을 하다보면 학생회에서 사업 홍보나 공지사항을 전달하기 위해서 단체 톡방을 파는 경우가 있는데요. 이 톡방에서도 인간관계를 확대할 만한 실마리가 될 정보들을 얻을 수 있습니다.

연애는
어떻게 해요?

연애는 사람마다 사랑이라는 감정을 느끼는 부분이 다르기 때문에 만능열쇠 따위 없습니다. 연애하는 법, 이렇게 하면 사귈 수 있다, 이렇게 하면 꼬실 수 있다 식의 인터넷 풍문에 휘둘린다면, 행복감을 주는 연애와는 오늘도 한 발 멀어지고 있을 가능성이 높습니다.

연애는 사회적으로 만들어진, 사랑의 낭만적인 표현 방식일 뿐입니다. 제가 이해하기에 사랑이란 상대와 관계로부터 기쁨을 느끼므로 관계 지속을 위해 헌신하는 것입니다. 동시에 상대를 오롯한 한 인격으로서 존중하므로 정복, 지배, 소유하지 않는 감정입니다. 그러나 세간에서 말하는 (이성애에 국한된) 연애론은 잘 들여다보면 섹스라는 종점을 위해 달려가는 일련의 통과의례 같습니다. 그건 사랑이라기보다는 남성성 내지 여성에 대한 소유권을 완성하는 과정입니다. 그런 폭력적인 관계로 나아가봤자 그 끝에서 기다리는 건 차게 식은 감정 혹은 지긋지긋한 악감정뿐입니다.

사랑에도 연애에도 지름길은 없습니다. 상대방과 관계

에서 내가 더욱 성숙해지고 행복해질 것 같은 느낌이 들 때 사랑이 싹틉니다. 그때 상대방에게 솔직하게 내 마음을 여는 것으로부터 시작하세요. 물론 사랑이 상대방을 지배하거나 정복하려는 게 아닌 이상, 상대방이 거절했을 때 이를 겸허히 받아들이는 아픔도 감수해야겠죠. 연애는 어차피 인터넷에 떠도는 풍문들이 대신해주지 않습니다. 인터넷이나 책이 줄 수 있는 연애 정보의 최대치는 괜찮은 데이트 코스 정도입니다.

그럼에도 불구하고 난 정말 연애가 너무 하고 싶다! 그러면 학기 초에 친구들이 주선하는 학과 간, 대학 간 교류 미팅이나 소개팅에 나가는 것도 방법입니다. 연애를 할 마음이 있는 사람들이 모였다는 점에서 연인 관계로 발전할 가능성이 조금 더 높은 건 사실이니까요. 그러나 여기에 너무 큰 기대를 갖지는 마세요. 제 개인적인 경험으로는 성공률이 그다지 높지 않더라고요.

실연

1996년 가을 어느 날,
동아리방에서 시간을 죽이고 있는데
남자 동기들이 우르르 몰려왔다.

야, 여자가 개뻔이냐?
잊어! 내가 소개팅해 줄게.

걔, 창 복도 없다.
너처럼 멋진 애가
또 어딨다고.

걔, 첨부터
별로였어.
잘됐다!

난 현주 없으면 못 살아.
나 지금 숨이 막혀 죽을 거 같아.
확 죽고 싶다.
나 어떡해.
현주는 나 없어도 잘 지내겠지?
나 같은 거 벌써 잊었겠지?
나만 이렇게 가슴 아픈 거겠지?

윤상이는 혼자
중얼중얼거리고
있었다.

3분쯤 지났을까?

나는 윤상이를 바라보았다.
윤상이는 아무말 없이 고개를
푹 숙이고 있었다.

나는 윤상이를
위로해줘야겠다고
생각했다.

윤상이는 그새
자고 있었다.

대학생이 됐는데
뭐 하면서 놀지?

대학 입시에 치여 고달프던 때 '대학생이 되면 실컷 놀아야지', 굳게 다짐했을 겁니다. 논다는 것은 '놀이'나 '재미있는 일'을 하며 즐겁게 지내는 것이죠. 이때 놀이란 여러 사람들이 함께 만든 규칙에 맞춰 일정한 행위를 하면서 즐거움을 찾는 활동입니다. 재미있는 일은 그보다 훨씬 더 범주가 넓고 느슨하고요. 딱히 어떤 규칙이 있지 않더라도 흥미를 느끼는 모든 활동(텔레비전 시청, 관광, 쇼핑 등)을 말합니다. 어찌됐든 이 활동들의 공통점은 어떤 특정한 목적(예컨대 생존)을 위해 되풀이하는 일상의 외부에 존재한다는 점, 자체가 주는 즐거움과 만족으로 인해서 그것을 원하게 된다는 점입니다.

따라서 대학 입시를 준비하는 시기에는 노는 것이 쉽지 않습니다. 대학 입시라는 강력한 목적이 일상을 지배하기 때문입니다. 놀고 싶어도 공부하라는 주변의 압박 때문에 충분히 놀 수가 없습니다. 주변 친구들도 마찬가지입니다. 아무리 놀고 싶어도 혼자 노는 데는 한계가 있으니 단념할 수밖에 없습니다. 대학생은 좀 다르지 않을까요? 대학 입시라는 목적이 달성되었으니 이제 내가 원하는, 나를 매료시키는 활동들에 눈을 돌릴 수 있지 않을까요?

어느 정도는 그렇습니다. 대학생에게는 노는 것도 공부만큼이나 중요합니다. 그런데 문제가 있습니다. 대학생이 되면 마냥 즐겁게 놀 수 있을 줄 알았는데 딱히 그렇지도 않다는 겁니다. 돈이나 학업 때문만은 아니에요. 의외로 빈곤한 대학의 놀이 문화 탓입니다. 대학생이 되었다고 해서 무제한으로 흥미로운 놀거리가 주어지지 않습니다. 그래서 열심히 찾아 헤매지 않으면 금방 동나버리고 맙니다. 대학생들의 놀이 문화란 술을 마시며 친구들과 이야기 나누는 것으로 수렴하기 마련인데, 이게 즐겁긴 해도 끊임없이 되풀이하기에는 질리는 측면이 있습니다. 이건 연인과 데이트를 할 때에도 마찬가지로 겪는 위기 상황이에요.

이런 위기를 피하기 위해서 노는 것에 대해서도 진지하게 생각할 필요가 있습니다. 놀이는 자유의 관념을 함축하고 있습니다. 무슨 쓸모나 별다른 목적을 위해서가 아니라, 활동 자체가 주는 즐거움에 매혹되어야 한다는 말입니다. 그러므로 자신을 끌어당기는 활동들이 어떤 속성을 갖고 있는지 잘 살필 필요가 있습니다. 기본적으로 사람들과 함께하는 활동이 좋은지, 혼자서 몰두하는 활동이 좋은지, 직접 참여해서 무언가를 구성하는 활동이 좋은지, 이미 만들어진 작품을 감상하는 게 좋은지를 따져야 합니다. 그런데 지금 우리의 논제는 '대학생으로 살아남기'잖아요. 그러므로 대학생이 되었을 때 관심을 가질 만한 놀이 문화에 대해서 살펴보겠습니다.

기본 옵션 : 청소년 리미트 해제?

대학생이 되면 '놀자'는 거의 '술 마시자' 내지는 '술 마시러 가자'와 동의어가 됩니다. 대학생들은 대체로 성인이기 때문에 술이나 담배처럼 청소년에게는 법적으로 판매가 금지되어 있는 기호품들을 구매할 수가 있습니다. 그중에서도 술이 가장 각광받는 대상입니다. 상대적으로 값이 싸고 취할 정도의 양을 충분히 구할 수 있는 데다, 흡연보다 음주가 더 심리적 장벽이 낮기 때문인 것 같습니다. 긴장을 푼 상태에서 이야기를 나눌 수도 있고요. 그런 의미에서 술은 대화의 문을 여는 매개체가 될 수 있습니다. 물론 같이 마시는 사람들이 술을 좋아한다는, 긴장을 너무 푼 나머지 실수를 저지르지 않는다는 전제 아래서요.

대학생의 술자리는 다른 게 있을까요? 새내기 시절에 빨리 친해지려고 하는 '술 게임'이란 게 있습니다. 간단한 게임을 해서 진 사람에게 벌주를 먹입니다. 술을 마시다보면 판단력이 흐려져서 간단한 게임 규칙조차도 따르기가 쉽지 않죠. 그럼 계속 벌주를 마시게 되고 결국 만취까지 갑니다. 오로지 취하기 위해서 하는 게임이니 당연히 만취해서 실수를 저지르거나 다치는 경우도 있습니다. 적당히 흥을 내기 위한 목적임을 잊지 않으면 좋겠습니다. 본인의 '흑역사'를 만들지 않기 위해서라도 주량을 조절하는 게 필요합니다.

음주 문화에 본격적으로 뛰어들면서 술의 세계가 넓고 깊다는 것도 알게 됩니다. 대학가에는 다양한 주점이 있습니다. 소주, 맥주 외에도 막걸리, 동동주와 같은 전통주, 각종 와인과 보드카, 다양한 리큐르를 섞어서 만드는 칵테일까지 다양한 술을 접할 수 있습니다. 물론 만취와 다음날 숙취로 인한 고통은 개인이 감당해야 할 몫이지만요. 저도 새내기 시절에 만취로 고생한 적이 있습니다. 한번은 친구가 사준 보드카를 왕창 마시고 길바닥에 엎어져 있었습니다. 동기들이 구조(?)하지 않았더라면 참 위험할 뻔했죠. 매년 대학에 새내기들이 들어오는 3월부터 축제가 한창인 5월까지는 대학가에서 과음의 흔적들을 어렵지 않게 발견할 수 있습니다. 그때마다 당시의 흑역사(!)가 떠오르곤 합니다.

사실 음주 문화를 제외한다면, 쉽게 접할 수 있는 놀거리들은 청소년기와 크게 다르지 않습니다. 다만 청소년기에 법적으로 걸려 있던 각종 제약이 풀리면서 범위와 폭이 조금 넓어질 뿐입니다. 대학생도 피시방이나 노래방을 자주 찾습니다. 적은 비용으로 빨리 즐거워질 수 있기 때문인 것 같습니다. 가성비가 뛰어나다고나 할까요? 다만 피시방이나 노래방에 가는 것도 청소년 때와는 차이가 있습니다. 청소년은 오후 10시 이후에 출입할 수 없지만, 대학생은 언제든 갈 수 있거든요. 그래서 술을 마시고 늦은 밤이나 새벽에 3차, 4차로 노래방이나 피시방에 가는 경우가 많습니다. 밤늦게까지 혹은 밤을 새면서 노는 문화가 대학생 시절부터 시작된다고 말할 수 있습니다.

대학 축제

대학생과 놀이 문화를 이야기할 때 빼놓을 수 없는 게 하나 더 있습니다. 바로 대학 축제입니다. 대학 축제야말로 그 시대의 대학을 지배하는 주류 문화, 학생들이 향유하는 놀이 문화가 무엇인지를 보여주는 대표적인 지표입니다. 요즘에야 소비문화가 집약된, 연예인 공연을 볼 수 있는 이벤트 정도로 인식되고 있지만, 본래 대학생들만의 고유한 문화가 집약된

산물이었습니다. 오늘날에도 '대동제'라는 이름이 남아 있는 대학 축제들이 있을 텐데요. 대동제(大同祭)라는 말에 군사 정권 시기 대학 축제의 정신이 담겨 있습니다. 다양한 의견으로 나뉘어 있는 대학생들이 축제를 계기로 모여서 하나가 되고 지성인으로서의 저항 정신을 고취한다는 뜻입니다. 당시에는 국가에서 문화와 예술을 매개로 저항적인 대학생들을 포섭하려는 시도가 많았습니다. '국풍81'이 대표적이었죠. 이에 맞서 대학생들은 '대동제'란 이름을 걸고 대학 축제를 저항 정신을 표출하는 현장으로 만들었던 겁니다. '패'라는 이름이 붙은 각종 학생 저항 예술 집단(몸짓패, 사물놀이패, 노래패 등)이 공연을 했습니다. 학생들이 직접 준비한 공연이나 주점을 열기도 했고요.

그러나 이와 같은 대동제 문화는 1990년대를 지나면서 옛날이야기가 되었습니다. 대학 자율화 요구가 어느 정도 받아들여지고 열정적인 학생운동의 시기가 지나면서 저항 문화에 대한 공감대가 많이 사라졌기 때문입니다. 그러면서 저항 문화의 자리를 소비문화가 빠르게 차지했습니다. 요즘엔 대학 축제 현장에서 대학생들이 직접 준비한 부스들은 점차 줄어들고 대기업 스폰서들이 상품을 홍보하는 부스가 늘어나고 있습니다. 심한 경우에는 학생들이 운영하는 부스가 대기업 부스에 밀려 주변부로 쫓겨나기도 하죠. 엎친 데 덮친 격으로 세금 문제로 학생들이 운영하는 주점도 금지하는 추세입니다. 점점 더 대학생이 주도적으로 축제를 꾸린다는 의미가 퇴색하고 있습니다. 과거의 대학생이 대학 축제에서 향유자이자 주도자의 위치였다면, 지금은 소비자의 위치라고 할 수 있습니다.

앞에서 논다는 것은 스스로가 즐거움을 느끼는 활동에 매료되어 참여하는 것이라고 했습니다. 그런데 대학생들이 기획하는 영역이 축제에서 점점 사라지고 있습니다. 이는 수동적인 체험이 지배하는 현실의 반영 같습니다. 스스로 뭔가를 만들기엔 시간도 돈도 심리적 여유도 없으니, 다른 사람이 하는 걸 보면서 대리만족하는 것이죠. 그런데 저는 뭔가 아쉬운 느낌이 듭니다. 새내기 시절에 가장 즐거웠던 기억이 친구들과 축제 주점을 기획하고 칵테일을 개발한 것이기 때문이에요. 손님을 맞을 때 콘셉트는 무엇으로 할지, 즐겁게 일하기 위해서는 어떻게 일을 나누면 좋을지, 누가 어떤 끼가 있고 이걸 어떻게 주점에 반영할지를 이야기하는 즐거움이 컸거든요. 이제는 그런 경험을 할 여지가 점점 줄어드는 것 같아서 아쉽습니다. 물론 저같이 생각하는 일부 학생 자치 기구들이 대학생의 힘으로 축제나 행사를 기획하려는 움직임을 보여주고 있습니다. 예컨대 제가 다니는 학교의 동아리연합회에서는 매년 가을 축제라는 이름으로 별도의 축제를 개최합니다. '그냥 다 같은 축제지 뭐'라고 시큰둥하게 넘기지 말고 이번 축제의 기조가 뭔지, 어떤 놀이 문화가 축제를 통해서 표현되는지를 살피는 것도 좋습니다.

대학 축제와 관련해서 제가 추천하고 싶은 게 있습니다. 자기 학교 축제에만 관심을 갖지 말고 시야를 넓히라는 겁니다. 아마 대학에 진학하면서 친구들이 다양한 지역의 각기 다른 대학으로 뿔뿔이 흩어졌을 텐데요. 이 점을 활용해서 대학별 축제 소식을 알음알음 알아두면 좋습니다. 내가 좋아하는 연예인이 어느 학교에서 공연을 하는지 정보를 얻을 수도 있고, 여차하면 친구를 통해서 공연 표를 구매할 수도 있습니다. 꼭 친구를 통해서가 아니더라도, 인터넷 검색만으로도 내가 살고 있는 지역의 대학 축제 가운데 어디가 재미있는지 금방 알아낼 수 있습니다. 대학 축제가 모두 재밌는 것은 아닙니다. 어떤 대학 축제는 정말 재미 없기로 유명합니다. 전문적 역량을 맘껏 뽐낼 수 있는 단과대학(음대, 미대, 디자인학부 등)이나 동아리가 운영하는 부스는 그 자체만으로도 훌륭한 볼거리입니다. 물론 기획하는 학생회의 역량에 따라 축제의 만족도는 다소간 복불복이 될 수도 있습니다.

문화생활

대학생이 되었다면 무엇보다도 놀이 문화에 대해 식견을 넓힐 수 있는 다양한 문화생활을 경험해보세요. 그래야 자기 취향을 더 잘 알 수 있고, 여가를 행복하게 보낼 수 있습니다. 대학 시절이야말로 문화생활의 폭을 넓힐 수 있는 최적기입니다. 대부분의 문화생활에는 대학생들을 대상으로 하는 다양한 할인 혜택이 있어서 경제적인 부담도 줄일 수 있거든요. 대학생으로서 무언가 혜택을 봤다고 말할 수 있는 제 경험들은 거의 문화생활에 집중되어 있습니다. 저는 특히 연극, 영화, 콘서트 같은 관람 활동이나 테마파크 같은 체험 활동을 선호했는데, 거의 대학생 할인을 받아서 비교적 싼 값에 즐겼습니다. 대학생 할인은 워낙 다양해서 하나하나 다 소개할 수는 없습니다. 원하는 문화생활이 있다면 대학생 할인은 없는지, 할인을 받으려면 어떤 조건이 필요한지(일반적으로는 학생증 제시입니다)를 미리 알아보는 게 좋습니다.

관련해서 제 경험에서 나온 팁을 드리겠습니다. 대학생 혜택은 만 24세 미만에게 제공되는 혜택과 겹치는 경우가 많습니다. 이때에는 대학생으로 할인 받는 것이 나은지, 만 24세 미만으로 할인 받는 것이 나은지를 따져야 합니다. 예컨대 문화재청은 2013년 8월 12일부터 모든 궁과 능의 무료 개방을 만 24세 이하로 확대했습니다. 이전까지는 만 18세까지였어요. 그러니 만 24세 미만인 대학생이라면 대학생 요금보다는 무료로 관람하는 것이 낫습니다. 두 번째로는 국립극단 공연입니다. 국립극단은 대학생 할인 제도(정가의 50%)뿐만 아니라, 만 24세 미만의 관객을 대상으로 '푸른티켓' 제도도 운영하고 있습니다. 1만 원에 연극을 볼 수 있도록 하는 것인데요. 이 경우에도 가능하다면 푸른티켓으로 공연을 보는 게 좋습니다. 다만 네이버 예매를 통해야 하고 수량이 제한되어 있으니 참고하기 바랍니다. 모든 경우에 대학생 혜택은 학생증, 만 24세 미만 혜택은 신분증(주민등록증 등)을 지참해야 합니다.

'싸게' 즐기는 법에 대해서는 이야기했으니, 이제 '깊게' 즐기는 법에 대해서도 이야기하겠습니다. 제 나름대로 취미 생활을 진득하게 즐겼던 방법을 하나 소개하고자 합니다. 저는 매년 주제를 하나 잡아서 소위 '도장 깨기'(?) 하는 걸 즐깁니다. 예컨대 이런 식이에요. 특정 주제와 관련한 영화를 다 보겠다고 스스로 약속하는 겁니다. 올해 개봉한 마블시네마틱 유니버스(MCU) 영화는 모두 챙겨 봐야지! 이런 목표를 세운 뒤 영화 개봉 날짜를 챙기면서 보는 겁니다. 이렇게 하나의 주제를 정하면, 영화 관람에 멈추지 않고 다양한 매체를 통한 관심사로 확장이 가능해집니다. 유튜브를 볼 때에도 MCU에 등장하는 슈퍼히어로들에 대한 분석 영상들을 찾아 보고, 각종 소소한 정보들과 놓친 쿠키 영상이나 떡밥은 없는지 살피는 식이죠. 이렇게 파고들면 '아는 사람들만 아는' 묘미를 느낄 수 있습니다. 전에는 보이지 않았던 것들이 보이면서 얻는 행복감 말이에요. 이런 도장 깨기식 파고들기는 다양한 분야에 적용할 수 있습니다. 서울의 특색 있는 독립 서점 50곳 방문하기, 국립현대미술관 특별전시전 모두 관람하기, 한국 철도역 곳곳에 있는 철도 여행 기념 스탬프 50개 이상 모으기……. 또한 내가 꽂힌 것을 하나 골라서 집중적으로 즐기는 것도 좋은 문화생활입니다. 저는 손으로 직접 다이어리를 작성하는 걸 좋아하는데, 위에서 말한 '도장 깨기'를 그때그때 기록으로 남기니까 나중에 훌륭한 추억거리이자 볼거리가 되더라고요.

여행

대학생이 되면 본격적으로 즐기게 되는 또 다른 문화생활은 여행입니다. 이제 법률적 보호자 없이도 먼 곳까지 이동하고 숙박하는 것을 자유롭게 결정할 수 있기 때문입니다. 예로부터 여행은 스스로 책임지고 행동하는 자유민들의 권리였습니다. 대학생이 된다는 것은 혼자서 여행할 수 있는 권리를 누리는 세대가 됨을 의미합니다. 대입 준비 기간에는 바빠서 여행을 가기 힘들었고, 가더라도 보통 보호자를 동반했을 테니까요.

대학생으로서 즐길 수 있는 가장 가치 있는 문화생활이 바로 여행이 아닐까 싶습니다. 반복되는 일상을 떠남으로써 새로운 것들과 마주치면서 식견을 넓힐 수 있으니까요. 특히 먼 지방이나 해외 같은 낯선 세계로의 여행은 이방인이 되는 경험을 할 수 있다는 점에서 각별합니다. 이런 여행은 소수자가 되는 체험을 통해서 내가 다수자로서 속해 있는 세계를 되돌아보는 계기가 됩니다.

1장에서 말한 무심결에 작용할 수 있는 차별들, 기억하나요? 여행은 그런 차별로부터 자신을 벗어나게 하는 '잘 훈련된 역지사지'의 한 사례가 될 수 있습니다. 자신이 표준적이라고 생각하던 경험 세계가 깨지는 경험, 즉 내가 살던 곳에서는 통용될 수 없는 것들이 자연스럽게 통용되는 세계에서 새로운 것을 마주하고 이해하는 과정이 우리를 더욱 성숙시킵니다. 특히 인간의 존엄을 '다수자로서 소수자에게 베푸는 배려'가 아니라, '나에게도 똑같이 중요한 문제'로 느끼게 하므로 더욱 소중합니다. 이른바 세계의 중심이라고 일컫는 미국으로 여행을 간다고 해보죠. 영어와 백인이 표준인 세계에서 그 표준에서 벗어난 내 경험이 어떻게 만들어지는지 생각할 필요가 있습니다. '미국 드라마의 시점과 내 경험의 시점은 왜 다르지?' '왜 드라마를 볼 때는 웃기던 농담이 지금은 전혀 웃기지 않고 불쾌하지?' 이런 질문들이 떠오를수록 소수자 문제가 그냥 '불쌍한 남들의 이야기'가 아니라, 우리 모두가 함께 고민해야 할 문제임을 깨닫게 됩니다. 또한 내 세계는 전체 세계의 일부일 뿐이며, 이것만으로는 세상을 대표할 수 없다는 사실도 알게 됩니다.

여행이 좋은 건 제가 입 아프게 설명하지 않아도 다들 알 겁니다. 하지만 사실 안정적인 수입원이 없는 대부분의 대학생으로서는 여행에 들어가는 비용도 이만저만한 부담이 아닙니다. 이럴 때 역시 대학생으로서 받을 수 있는 혜택을 활용하면 좋습니다. 우선 국내 여행을 할 때에는 '내일로(Rail 路)'를 이용해보세요. 내일로는 한국철도공사에서 만 29세 미만 청년을 대상으로 발매하는 철도 이용권입니다. 5일이나 7일 동안 연속으로 ITX-청춘, ITX-새마을, 새마을호 일반실, 무궁화호 일반실, 누리로 등을 자유롭게 이용할 수 있습니다. 한국은 철로로 지방 곳곳을 연결하고 있어서 비교적 저렴한 가격에 장거리 여행을 다닐 수 있습니다. 게다가 내일로는 여행 방식을 어떻게 짜느냐에 따라서 서로 다른 경험이 가능합니다. 예컨대 본전을 제대로 뽑겠다는 일념 아래 내일로의 거의 모든 노선을 일주하는 겁니다. 실제로 5일 만에 내일로를 이용해 전국 일주를 한 사람이 있어요. 반대로 기차를 타고 떠나다가 마음 가는 곳에서 내려 여행하는 방법도 있습니다. 여행의 핵심이 새로움과 마주치는 데서 오는 즐거움에 있다면, 이런 여행도 나쁘지 않습니다.

해외 여행은 어떨까요? 목적지에 따라 다르지만, 해외 여행도 가끔씩 청년을 대상으로 할인 프로모션을 하는 경우가 있습니다. 따라서 미리 알아보고 여행을 계획하면 좋습니다. 특히 입대 시기를 맞추기 위해서, 교환학생 준비를 위해서 휴학을 하는 경우가 있는데요. 이때에는 비수기에 맞춰서 항공권을 끊을 수 있으니 더욱 비용을 줄일 수 있습니다. 제주도는 10만 원 미만, 일본이나 중국은 30만 원 안팎으로 항공권을 구할 수도 있습니다.

그러나 미국이나 유럽처럼 장거리 해외 여행을 가고 싶은데 돈이 없다면 어떻게 해야 할까요? 물론 여기에도 대학생이기에 가능한 대안들이 몇 가지 있습니다. 조금 여행의 자유를 희생해야 할 수도 있지만요. 첫째로 청년들의 아이디어를 심사해서 지원 대상자들을 해외로 보내주는 장학 프로그램(동원육영재단의 동원글로벌익스플로러[6] 등)이 있습니다. 저도 이런 장학 프로그램에 지원해서 선정된 적이 있는데요. 마음이 맞는 친구들과 어느 나라에 가서 어떤 프로젝트를 진행할 것인지를 사전에 잘 계획해야 합니다. 대부분 창의성과 구체성을 중점적으로 검토하는 만큼 프로젝트의 동기나 세부적인 진행 과정을 짜임새 있게 준비해야 합니다. 해외 전문가 인터뷰는 미리 약속을 잡아두면 좋고요. 특히 기존에 선정된 프로젝트들을 참고하는 것이 좋습니다. 지원 대상자로 선정되면 기본적인 이동 경비를 기업에서 지원합니다. 따라서 생활비, 숙박비 정도만 사비로 충당하면 됩니다.

둘째, 대학의 연구 기관에서 시행하는 간단한 해외 인턴십이나 탐방 프로그램에 함께할 수도 있습니다. 저는 교내 CORE사업단이 추진하는 제주평화문화캠프 덕분에 돈 한 푼 안 들이고 제주도에 다녀왔습니다. 더군다나 CORE사업단이 준비한 훌륭한 탐방 프로그램 덕분에 제주 4·3 관련한 유적지를 답사하고 연구자들의 발표도 들을 수 있었습니다. 여행도 하고, 답사도 하고, 공부도 하는 일석삼조의 경험이었죠. 이외에도 적절한 자격만 갖춘다면 대학생에게 해외 경험을 확장시켜주는 학내 프로그램들이 있습니다. 저희 학교의 인권센터에서는 영문 회의록 작성이 가능한 학생(학부생)을 뽑아서 200만 원의 지원비를 주고 유엔 유럽본부에서 열리는 인권이사회 회의에 데려간 적이 있습니다. 이런 인턴십이 아니더라도 교내 대회에서 입상할 경우 학생들에게 해외 탐방을 지원하기도 합니다.

물론 거창하게 기차나 비행기를 타고 떠나는 여행만이 여행은 아닙니다. 어쩌다 오늘 탄 버스가 반대 방향이거나, 내려야 할 곳을 한참 지나쳐 내린 순간에도 여행은 시작됩니다. 얼마나 자신이 처한 상황을 받아들이고 즐길 수 있는지에 달려 있습니다. 논다는 것은 앞서 말했듯이, 내 의지로 내가 도입한 규칙에 따라 일상으로부터 잠시 벗어나 매혹되는 것이니까요. 반성 없이 되풀이되는 일상이 다시금 견고해지기 전에, 놀기 가장 좋은 대학생 시절에 일상에 균열을 내고 자유롭게 살기 위한 놀이들을 찾아보세요. 내가 찾은 놀이들을 주변과 공유함으로써 음주 외에는 아무것도 남지 않은 대학의 빈곤한 놀이 문화를 풍요롭게 바꾼다면 더욱 좋고요.

재미있는 행사를
어떻게 알아내지?

비교적 대규모이고 볼거리가 풍성한 행사를 찾고 싶다면 자기가 사는 지역에 있는 컨벤션센터나 복합 문화 공간의 행사 일정을 알아보세요. 컨벤션센터란 대규모 회의나 이벤트를 위해서 갖춘 시설로, 고양의 킨텍스(KINTEX), 서울의 코엑스(COEX), 부산의 벡스코(BEXCO) 등이 대표적입니다. 복합 문화 공간이란 말 그대로 다양한 형태의 문화 행사(전시, 공연 등)를 동시에 할 수 있는 대규모 시설을 말합니다. 서울의 동대문디자인플라자(DDP), 수원의 경기도문화의전당, 광주의 국립아시아문화전당 등이 있습니다.

컨벤션센터나 복합 문화 공간은 비교적 규모가 크기 때문에 개최하는 행사들도 여러 볼거리를 갖출 가능성이 높습니다. 또한 그런 대형 행사는 특별한 사정이 없는 한 대체로 정기적으로 열립니다. 그만한 규모의 행사를 다른 공간에서 개최하긴 어려우니까요. 다니는 대학에서 가까운 컨벤션센터나 복합 문화 공간에서 진행하는 행사가 뭔지만 잘 챙겨도 매년 돌아오는 흥미로운 볼거리를 놓치지 않을 수 있습니다. 그런데 매번 홈페이지에 들어가서 확인하기가 귀찮잖아요. 이럴 때에는 SNS를 활용하는 게 편리합니다. 해당 컨벤션센터나 복합 문화 공간이 운영하는 페이지나 계정을 팔로우하거나 친구를 맺으면 행사 정보를 내 뉴스피드로 받아볼 수 있습니다.

동아리 선택이 평생을 좌우한다

어서 와, 새내기야 ~♥

그렇게 나는 우주과학연구회에
가입하고, 심령분과에 들었다.

그리고 이십여 년이
지난 지금,

공부는
어떻게 하지?

대학생이 되면 공부에 대해 고민하는 순간이 꼭 옵니다. 대학생이 되었으니 뭔가 이전과는 다르게 공부해야 할 것 같은데 감이 잘 안 잡히거든요. 지나친 단순화이긴 하지만, 고등교육(대학교) 공부와 초·중등교육 공부의 차이점을 정리하면 이렇습니다. 초·중등교육은 이미 학계에서 공인한 주류 이론을 바탕으로 해서 만든 지식을 '교과서'라는 형태로 수용하는 것이 중심입니다. 반면 고등교육은 학계에서도 논쟁적인 각종 이론들과 그 이론들을 뒷받침하는 근거들을 '논문'이라는 형태로 비판적으로 재구성하는 것이 중심입니다. 나아가서는 직접 그 논문을 쓰기 위한 연구 방법도 배우고요. 대학교 교육은 주어진 지식을 단순히 수용하는 것이 아니라 비판적으로 재구성하고, 새로운 지식을 생산하는 능력을 기르는 것이라고 할 수 있습니다.

이를 고등학교, 즉 중등교육 과정에서 배운 내용과 연결해 보죠. 고등학교 교육은 그 자체로 시민교육이라는 고유한 목적을 갖지만, 한편으로는 대학 교육을 위한 밑바탕이 되기도 합니다. 고등학교에서 줄기차게 국어, 영어, 수학 소위 '국영수'를 강조하죠? 그 이유가 뭘까요? 우선은 대학 입시, 특히 대학수학능력평가시험(수능)에 도움이 되기 때문입니다. 그런데 어째서 국영수가 대학에서 수학(修學) 능력을 평가하는 데 중요할까요? 국영수가 대학 교육이 요구하는 텍스트 이해의 기본을 이루기 때문입니다. 주어진 텍스트를 이해하고 다시 표현하기 위해서는 현존하는 대상들을 지칭하고 표현하는 언어들을 잘 구사할 필요가 있습니다. 국영수 교육은 세상을 추상적으로 표현하고 이해하는 언어 원리들을 배우는 것입니다. 국어는 한국에서 생산된 텍스트들을 이해하게 해주고, 영어는 오늘날 전 세계의 주류 학계에서 생산한 지식에 접근하게 해주고, 수학은 양·비율·변동 등을 합리적으로 이해하게 해준다는 점에서 대학 교육으로 들어가는 열쇠 역할을 합니다.

국영수는 어디까지나 텍스트를 이해하기 위한 기본 언어입니다. 언어를 충분히 습득했다면, 그 다음은 언어를 이용해서 텍스트를 이해하고 전문적인 지식을 습득해야 합니다. 여기서 수능의 '수학(修學)'이 '수학(受學)'과 다르다는 점이 중요합니다. 후자의 수는 받을 수(受)로서 이때의 수학은 수업을 받는다는 뜻입니다. 전자의 수는 닦을 수(修)로서 갈고 닦아 연마한다는 뜻이죠. 따라서 대학수학능력은 그 자체로 대학에서의 교육이 갖는 성격을 보여줍니다. 수업 내용을 받아들이는 것은 기본이고, 자기 나름대로 재구성해서 논리적으로 표현할 수 있어야 합니다.

그래서 대학교 시험은 고등학교 시험이나 수능과 달리 객관식 문항이 적고 대부분이 논술식입니다. '지금까지 수업에서 배운 내용을 바탕으로 평가자가 제시하는 논제에 적절한 논리 구조를 갖춘 답을 제시하시오.' 이게 대학에서 학생들을 평가하는 방식입니다. 그러니 당연히 정해진 답이 하나일 리 없습니다. 설령 배운 내용을 다시 서술하는 수준의 질문이라고 하더라도 어떤 관점에서 요약하고 정리할지는 학생마다 다르니까요. 물론 대학 시험에 객관식이 아예 없는 건 아닙니다. 이것도 교수의 성향마다, 강의의 성격마다 다른데요. 주로 수강생들이 몰리는 대형 강의 같은 경우에는 채점의 편의를 위해서 객관식 문항을 섞기도 합니다. 학생 수가 많을수록 답안지마다 빼곡히 쓰인 논설문을 다 읽고 평가하기가 힘들기 때문입니다.

이렇게 보면 대학에서 공부를 잘하기 위해서 어떤 능력이 필요한지 대충 감이 올 겁니다. 우선 텍스트를 이해하고 주장을 잘 표현하기 위해서 적절한 언어 능력이 필요합니다. 보통 교양 수업을 듣는 1학년이 지나고 전공 수업을 듣기 시작하는 2학년이 되면 읽어야 할 텍스트의 양이 늘어납니다. 미리미리 텍스트를 읽고 정리하는 훈련을 해두는 게 좋습니다. 이건 이공계라고 해서 다르지 않습니다. 이공계에서는 주로 수학이나 화학식과 같은 '언어'를 통해서 자연적 기제들의 작동 원리를 밝히는 여러 학문 영역을 배우는데요. 마찬가지로 다양한 공식들과 그 적용례들을 정리하는 작업이 필요합니다.

다음으로 텍스트를 비판하고 연구를 기획하기 위한 논리적 사고력을 갖춰야 합니다. 논리는 세상을 인식하기 위해 거쳐야 하는 적절한 사고 과정입니다. 따라서 어떤 근거가 어떤 주장을 뒷받침하는지, 그 주장이 다른 주장과 충돌하지 않는지, 논리 구조 안에 모순은 없는지 따위를 검토하기 위해서는 논리적 사고력이 필요합니다. 논리적인 사고력을 갖추고 있어야 텍스트를 읽으면서 부족한 근거에 대해 비판할 수 있으며, 나아가 특정한 주장을 뒷받침하는 연구를 구상할 수 있습니다. 대체로 어느 학과마다 있는 (그리고 대체로 전공 필수 과목인) 방법론 수업에서 이런 내용들을 간단하게 다룹니다. 하지만 텍스트를 좀 더 논리적으로 깊이 뜯어보고 싶다면 실용논리학 수업을 들어보세요. 물론 그 수업이 양질일지는 교수님마다 다르니 장담은 못합니다.

　마지막으로 논리적으로 정리된 머릿속의 내용을 적절하게 다른 내용과 결합해 새로운 것으로 만드는 창의성이 필요합니다. 창의성에 대해서 많은 사람들이 오해하고 있는 게 있는데요. 창의성이 마치 무에서 유를 창조하는 것과 같이 번뜩이는 영감에 의해 달성된다는 생각입니다. 실제로는 그렇지 않습니다. 창의성을 촉발하는 어떤 특별한 경험이 있을 수 있겠지만, 그 경험을 활용하기 위해서는 기본적으로 배경지식이 풍부해야 합니다. '뉴턴의 사과' 사례를 보죠. 누구나 사과의 낙하라는 구체적인 현상을 통해 그 이면에 존재하는 중력의 법칙과 같은 추상적 원리를 알아낼 수 있을까요? 그렇지 않을 겁니다. 실제로는 물체의 낙하와 관련한 배경지식을 쌓은 사람만이 그 지식을 바탕으로 새로운 지식을 만들어낼 수 있습니다. 따라서 뉴턴의 사과보다 주목해야 할 것은 '뉴턴의 편지'입니다. 뉴턴은 17세기 과학혁명의 분위기 속에서 여러 석학들과 편지를 주고받으면서 지식을 확장시켰습니다. 대학에서의 창의성도 마찬가지입니다. 창의적인 연구는 기존 연구를 비판적으로 극복함으로써 달성됩니다. '영감'은 기존 연구가 밝히지 못하는 부분을 설명하기 위한 아이디어를 얻는 데에만 조금 영향을 미칠 뿐입니다. 영감도 보통은 다른 연구를 접하면서 떠오르기 마련입니다.

전공 선택

이제 대학 공부에서 고민해야 할 내용들을 본격적으로 이야기하겠습니다. 가장 먼저 전공 선택입니다. 진학을 앞둔 고등학생들도 하겠지만, 요즘처럼 복수전공이 일반화된 때에는 아마 대학교 2학년생들이 제일 전공 고민을 많이 할 겁니다. 전공을 결정할 때에는 자기가 하고 싶은 공부가 무엇인지 잘 생각해야 합니다. 미래의 직장 고민도 필요합니다. 미래 진로에서 필요로 하는 지적 역량을 기를 수 있는 전공을 선택해야 하니까요. 아예 전문성이 뚜렷한 진로(의사, 음악가 등)라면 그와 관련한 전공(의대, 음대 등)이 확실하게 정해져 있으니 고민이 덜하겠죠. 그렇지 않다면 각 대학에서 운영하는 진로상담센터를 활용하거나, 가끔씩 학과 재량으로 개최하는 선배와의 만남에 참여하는 것도 나쁘지 않습니다. 고등학생이라면 대학에 진학한 선배들에게 미리 학과의 특성이나 배우는 내용에 대해서 알아보는 것도 좋고요.

제가 어떻게 전공을 선택했는지와 전공의 세부적인 내용을 살펴보는 방법에 대해서 얘기해보겠습니다. 저는 특정 대학 특정 학과에서 배우는 내용을 알고자 해당 대학의 이름과 학과 이름을 인터넷에서 검색했습니다. 그러면 보통 그 대학의 해당학과 홈페이지가 가장 상단에 뜹니다. 대부분 아래와 같습니다.

- **학과 소개** : 해당 학과의 역사, 교육 목표, 가르치는 학문의 개괄적 소개가 나옵니다. 그 외에도 어디서 지원 받아 어떤 공동 연구 사업이나 학회를 진행했는지 확인할 수 있습니다. 그러면 해당 학과가 어떤 영역에 주안점을 두는지 알 수 있겠죠?

- **교수 소개**(교수진, 교수 명단) : 어떤 교수들이 있는지, 교수들이 박사 학위를 어디에서 어떤 주제로 땄는지, 최근의 연구 동향은 어떤지를 파악할 수 있습니다. 개별적으로 웹사이트를 운영하는 교수들도 있습니다. 그 사이트에 간략한 자기 연구 논문이나 계획서를 올리기도 하므로, '아, 이 학과에 가면 이런 교수님들에게 이런 전문적인 내용을 공부하는 데에 도움을 받을 수 있겠구나'라는 판단이 설 겁니다. 조금 더 적극적으로 해당 학과의 수업을 한 번 청강하고 교수와 면담을 통해 전공에 대한 구체적인 계획을 꾸리는 것도 좋습니다. 만약 공부에 뜻이 있다면, 전공에 도움을 줄 수 있는 교수와 연결고리를 만드는 것도 좋은 방법입니다.

- **학부 교과과정, 졸업 요건, 개설 과목** : 대부분의 학과 홈페이지에는 학부의 교과과정을 설명한 페이지가 있습니다. 여기에 들어가면 대충 어느 정도로 전공과목을 이수해야 하는

지, 전공 필수 과목에는 어떤 것들이 있는지를 살필 수 있습니다. 개설 과목에 들어가 봐도 좋습니다. 어떤 전공과목을 개설하는지, 어떤 교수가 가르치는지를 알 수 있습니다. 강의 평가 사이트에 들어가서 강의에 대한 전반적인 평가도 살필 수 있습니다. 특히 개설 과목에서 어떤 교재들을 사용하는지 소개가 되어 있다면 미리 그 책을 도서관에서 살피는 것도 한 방법입니다.

이제와 생각하면, 대학 학부 시절 전공이 진로를 엄청나게 규정하는 것 같지는 않습니다. 주위를 둘러봐도 전공은 석사나 박사 이상의 학위를 취득하는 경우에나 큰 영향을 미칩니다. 그러니 전공을 선택하는 데에 있어서 지나치게 골머리를 앓을 필요는 없을 것 같습니다. 대신 자신이 원하는 배움의 구체적인 내용이 있고 이를 학부 시절에서의 전공 이수와 연결하고 싶다면, 또한 대학원 진학까지도 염두에 두고 있다면 제가 사용한 방법을 활용해보세요. 같은 이름을 가진 학과라고 다 같은 학과가 아니고, 같은 전공이라고 다 같은 전공이 아닙니다. 구성원들과 연구 실적, 학교의 지원 등이 복합적으로 학과의 성격을 결정짓는 만큼 잘 알아보는 게 좋습니다.

전공 학과를 선택했다면, 다음으로 전공 제도를 선택해야 합니다. 이미 대학에서 1학년을 보낸 학생이라면, 어떤 전공 제도가 학업 부담을 지나치게 늘리지 않으면서도 원하는 결과에 도달할 수 있을지를 따져야 합니다. 특히 졸업증서에 찍히는 학과명이 중요하다면 말이에요. 전공 제도는 대학마다 정말 판이하기 때문에 잘 살펴야 합니다. 그러나 보통은 크게 두 가지로 나뉩니다. 복수전공(plural major)과 부전공(minor)입니다. 복수전공은 말 그대로 전공을 두 가지 한다는 뜻으로, 본전공에 준하는 교과과정을 이수해야 졸업 요건을 취득할 수 있습니다. 그만큼 학업 부담이 두 배로 늘어납니다. 본전공만으로도 학업 부담이 큰 이공계열 학생들은 잘 선택하지 않습니다. 반면 부전공은 전공보다는 낮은 단계로 전공과목 이수를 인정하는 제도입니다. 취업에 도움이 되느냐, 되지 않느냐로 보았을 때에는 복수전공이 더 유리합니다.

이외에도 대학마다 다양한 전공 제도를 운영합니다. 전공을 하나만 이수할 때를 대비해 애초부터 전공을 두 가지로 하는 경우(이중 전공), 아예 다양한 학문들을 융합해 전공을 인정하는 경우(융합 전공), 학생이 지도 교수와 합의해서 전공을 계획하는 경우(학생 설계 전공)도 있습니다. 이렇게 다양하므로 한번쯤 자기 대학에서 어떤 전공 제도를 마련하고 있는지를 살피는 것이 필요합니다. 그리고 꼭 해당 전공을 이수한 선배와 이야기를 나눠보세요. 저는 멋모르고 융합 전공을 신청했는데, '융합'이라는 말이 들어간 것치고는 커리큘럼이 제

한적이어서 뒤늦게 실망한 적이 있거든요. 같은 실수를 반복하지 않기 위해서라도 먼저 경험한 사람들의 의견을 들어보는 게 좋습니다.

입력과 출력

전공을 결정했으면 이제 공부를 열심히 해야겠죠. 전공, 교수가 강조하는 핵심 내용, 자기 스타일에 따라 공부 방식은 달라질 수 있습니다. 그러나 역시 기본은 입력(input)과 출력(output)입니다. 한동안 서울대에서 학점을 높게 받는 학생들이 토씨 하나 틀리지 않고, 교수의 농담 하나 놓치지 않고 수업 필기를 한다는 이야기가 돈 적이 있습니다. 창의력을 죽이는 태도라며 미디어에서 난리도 아니었는데요. 강의 내용 대부분을 받아 적는 저로서는 그다지 잘못된 공부 방법은 아니라고 생각합니다.

기본적으로 강의 내용이 어떤 구조로 이루어져 있는지를 알려면 교수의 말을 일단 지면으로 옮겨야 합니다. 이후에 적은 내용을 보고 얼마나 논리적으로 소화, 비판, 재구성할 수 있는지는 자기 몫이지만요. 최대한 빠짐없이 듣고 정리하려는 자세가 잘못은 전혀 아니라는 얘기입니다. 다시 한 번 강조하지만 창의적인 아이디어는 엉성한 상상이 아니라 잘 갖춘 배경지식에서 나옵니다. 게다가 저는 빨리 받아 적으려고 노력하는 과정에서 저만의 정리법을 익힐 수 있었습니다. 상대의 말에서 무엇이 핵심이고 부차인지, 어떤 부분을 충분히 이해 못하고 있는지를 구분할 수 있게 되었습니다. 상대방의 말을 논리적으로 정리하는 습관을 기를 수도 있었고요. 처음에는 그저 많이 받아 적으려고 했을 뿐인데, 이후에는 많이 받아 적기 위해 효율적으로 생각하는 방법을 알게 된 겁니다.

시험이나 과제 기간이 되면 정리한 내용을 2차로 가공하는 작업이 필요합니다. 필기는 강의 내용을 대부분 그대로 받아 적은 내용일 텐데요. 그것을 통째로 머릿속에 집어넣을 수는 없습니다. 그러므로 개념들을 중심으로 그 개념들이 맺고 있는 관계를 정리해야 합니다. 무엇이 원인이고 무엇이 결과인지, 무엇과 무엇이 상관관계에 있는지를 따지는 거죠. 이렇게 정리하면 훨씬 더 강의의 요지가 명료하게 보입니다. 그리고 정리하면서 질문 사항을 메모했다가 교수에게 질문하거나 메일을 보내면 좋습니다. 이렇게 수업에 대한 보완, 정리가 끝나면 암기를 시작합니다. 어느 순간부턴가 한국 사회에서는 암기를 부정적으로 여기는 것 같습니다. 다시 한 번 말하지만 좋은 출력은 좋은 입력 없이는 불가능합니다. 배운 내용을 암기해서 머리에 탑재하지 않고서는 좋은 답안지, 좋은 과제물을 써낼 수 없습니다. 여기까지는 고등학교에서 썼던 자기 공부법을 활용하면 됩니다. 문제는 출력입니다.

　출력은 앞서 말한 논리적인 방식의 글쓰기입니다. 글쓰기의 기술에 관해서는 좋은 입문서들이 많으니 참고하시기 바랍니다. 제가 이해하는 글쓰기의 기본은 내 머릿속에 논리적으로 정리한 내용을 상대방도 그 논리에 따라 이해할 수 있도록 '배열'하는 것입니다. 따라서 답안지를 쓰기 전에 간단하게라도 개요를 잡는 것이 좋습니다. 그래야 도중에 헤매지 않습니다. 또 자기가 아는 내용이라고 그 부분만 잡고 늘어지다가 시간과 분량 분배에 실패하는 잘못을 방지할 수 있습니다. 보통 대학의 수업 시간은 1시간 15분, 쉬는 시간은 15분 정도입니다. 그래서 시험 시간도 1시간 30분 정도입니다. 그러니 개요는 10분 안팎으로 간단하게 짜고 나머지 시간에 내용을 작성하는 게 좋습니다. 저는 글씨를 느리게 쓰는 편이어서 글의 개요를 머릿속으로 빨리 구성하는 훈련에 집중했습니다. 글씨 쓰는 속도가 하루아침에 바뀌는 게 아니므로, 차라리 글을 빨리 구성하고 내용 쓰는 시간을 최대한 확보하자는 생각이었죠. 이 전략은 나름 유효했던 것 같습니다. 무조건 양이 많아야 좋은 점수를 주는 과목에서는 좋은 평가를 받지 못했지만, 그렇지 않은 대부분의 강의에서는 비교적 좋은 평가를 받았거든요.

　글의 논리성과 별개로 팁처럼 알아두면 좋을 내용 한 가지만 더 얘기하겠습니다. 답안지나 과제물을 작성할 때에는 두괄식 서술을 하라는 겁니다. 두괄식을 고집하는 이유는 간단합니다. 읽기 쉬울수록 글의 논리적 구조가 잘 드러나기 때문입니다. 채점해야 할 학생 수가 늘어날수록 교수가 느끼는 피로감도 늘어나기 마련입니다. 자기가 요구한 내용을 숨은 그림 찾듯 글을 샅샅이 뒤져서 찾는 것보다 각 문단의 첫 문장에서 바로 찾을 수 있다면 글이 짜임새 있다고 느끼겠죠. 이를 위해서라도 주요 개념들의 관계를 추상적으로 정리하는 게 좋습니다. 시험은 개념과, 개념의 관계를 규정하는 문장을 답으로 요구하기 마련이거든요. 따라서 시험 문제가 요구하는 답을 가장 먼저 제시하고, 이어서 적합한 이유를 들면 아주 좋습니다.

다만 이것이 '좋은 글' 쓰는 법이라고 생각해서는 곤란합니다. 세상에서 인정받는 명문들이 다 두괄식이던가요? 전혀 그렇지 않습니다. 명문은 글쓴이만의 고민과 호흡으로 쓴, 즉 고유한 문체를 가진 글입니다. 교수가 채점하기 쉽게 쓴 글은 읽는 이의 편의라는 목적을 위해 정보를 정리한 것일 뿐 좋은 글과는 거리가 멉니다. 오히려 글의 예술성이나 여러 가치의 측면에서 볼 때에는 단조롭고 식상할 수 있습니다. 그럼에도 이러한 팁을 드리는 까닭은 대학에 들어오면 특정한 목적에 맞게 글 쓰는 법을 익혀야 한다는 점을 강조하기 위해서입니다.

평소에 텍스트를 읽고 정리하는 방법

수업과 별도로 평소에 텍스트를 읽고 정리하는 훈련을 하면 전공 공부뿐 아니라 사고력 향상에도 큰 도움이 됩니다. 그럼 어떻게 해야 할까요? 저는 세미나를 통해서 했습니다. 세미나란 그룹 학습의 한 방식인데요. 텍스트를 하나 정해서 구성원들이 돌아가면서 발제를 하는 공부법입니다. 우선 뜻이 맞는 사람들끼리 세미나 모임을 만들어보세요. 아니면 학과에 있는 소모임이나 학회, 동아리에 가입하는 것도 좋은 방법입니다. 저는 책을 하나 정하고 같이 읽을 친구들을 모아서 세미나 모임을 만들었습니다. 경험에서 우러나오는 조언을 드리자면 처음부터 고전을 고르지는 마세요. 고전은 풍부한 내용과 깊이를 지닌 텍스트이기 때문에 다루기가 까다롭거든요. 제가 했던 세미나 모임도 피에르 부르디외가 쓴《구별짓기》를 읽다가 도중에 포기한 적이 있습니다. 고전을 읽기 전에 2차 저작(특정 저작에 대한 해석을 담은 저작) 읽기를 추천합니다.

텍스트를 선정했다면, 다음으로는 텍스트의 분량, 편집, 내용 등을 중심으로 세미나 차시를 나눕니다. 약 300쪽 정도

되는 책을 골랐다고 치죠. 그렇다면 약 50쪽씩 읽어서 6차시에 걸쳐 세미나를 진행할 수 있습니다. 아니면 편집 구성에 따라서도 세미나 차시를 나눌 수 있습니다. 8장으로 이루어진 책이라면 2장씩 읽어서 4차시에 끝내는 거죠. 그러나 쪽수나 장을 중심으로 기계적으로 끊으면 내용상 흐름이 끊길 수도 있습니다. 그러니 미리 책을 읽어본 사람(교수나 선배)에게 도움을 받아 세미나 차시를 구성하는 것도 좋습니다.

텍스트와 세미나 차시 선정을 마무리했다면 세미나 구성은 대략 완성된 셈입니다. 이제는 세미나 발제자만 정하면 되는데요. 보통 첫 번째 세미나는 제안자가 하고, 그 이후부터는 세미나가 끝날 때마다 다음 차시 발제자를 정합니다. 발제자의 임무는 다음과 같습니다. 첫째로 자기가 읽은 분량을 요약해서 다른 사람들에게 설명하는 겁니다. 이 과정에서 이해를 못하거나 헷갈리는 부분이 있다면 다른 자료를 찾아서 발제문에 정리할 수도 있습니다. 둘째로 텍스트의 해석, 번역에 대해 논란의 여지가 있거나 쟁점으로 다루고 싶은 부분(텍스트의 주장에 동의하지 않거나 보충이 필요하다고 생각하는)을 정리해서 공유하는 겁니다. 발제자가 이렇게 발제를 하면 다른 사람들은 자기 의견을 이야기해야 합니다. 요약이 잘됐다든지, 중요한 내용 가운데 놓친 부분이 있다든지, 발제자의 쟁점에 대해 어떤 의견이 있다든지 등을 이야기하는 거죠.

이렇게 하면 텍스트를 읽고 정리하는 능력을 기를 수 있습니다. 저는 학과에서 공부했던 내용보다도 이렇게 직접 정리하고 발제했던 세미나 내용들이 머리에 더 오래 남아 있습니다. 저만의 논점이나 쟁점을 제시하는 과정에서 지식을 직접 현실에 적용하는 훈련도 많이 되었고요. 특히 지도 교수나 선배 등 미리 텍스트를 읽어본 사람이 세미나 모임에 같이 있다면, 텍스트를 이해하는 깊이도 확장할 수 있습니다. 세미나 모임을 잘 꾸려서 대학 공부에 깊이를 더해보세요.

책과 논문 읽기 외에 다른 공부법은 없을까

오늘날 대학생들이 공부할 수 있는 텍스트에는 책과 논문 같은 활자 매체만 있는 것이 아닙니다. 영상 매체로 저장한 자료들 역시 유용한 공부 자료가 될 수 있습니다. 우선 유튜브에 있는 지식 전달 채널들을 참고할 수 있습니다. 예컨대 쿠르트게작트(Kurzgesagt-In a Nutshell), 과학쿠키에서는 과학적 내용을 영상과 함께 친절하게 설명합니다. 내셔널지오그래픽(National Geographic)이나 EBS 유튜브 채널에서는 양질의 다큐멘터리를 시청할 수 있고요. 이처럼 교양과 배경지식을 쌓는 데 유튜브는 아주 적절한 플랫폼입니다.

단순 교양 정도가 아니라 보다 깊은 공부 자료를 찾는다면

MOOC와 OCW를 활용하는 것이 좋습니다. MOOC는 온라인 공개 수업(Massive Open Online Course)의 약자로 대규모 사용자를 대상으로 하는 온라인 공개 강좌입니다. 좁게는 대학에서 공개한 온라인 강의를 이르지만, 넓게는 테드(TED)를 비롯한 각종 공개 강연 영상을 포괄합니다. 한편 OCW는 공개 수업 자료(Open Course Ware)의 약자로 강의 계획서, 학습 자료, 강의 내용 등 수업 자료 전반을 공개하고 공유한 것입니다. 둘 다 어렵게 생각할 것 없이 대학에서 진행하는 양질의 강의를 영상으로 찍어서 많은 사람들이 접할 수 있게 했다고 보면 됩니다.

이 MOOC와 OCW 덕분에 이제 많은 비용을 들이지 않고도 고등교육의 '내용'에 접근하기 쉬워졌습니다. 물론 대학은 단순히 지식의 내용적 측면을 전달하는 기관이라기보다, 지식 생산 방법을 연구자들과 함께 훈련하는 성격이 더 크기 때문에 MOOC나 OCW가 대학을 완전히 대체하지는 못하겠지만요. 그럼에도 불구하고 내가 다니는 대학교에서는 들을 수 없는 강의들을 접할 수 있다는 점에서 MOOC와 OCW는 큰 강점을 지니고 있습니다.

그렇다면 MOOC와 OCW는 어디서 볼 수 있을까요? 대표적으로는 다음과 같은 사이트들을 참고할 수 있습니다.

- K-MOOC (http://www.kmooc.kr/)

- KOCW (http://www.kocw.net/)

- KOOC (https://kooc.kaist.ac.kr/)

- 하버드대학교 유튜브 채널 (https://www.youtube.com/user/Harvard/)

저는 하버드대학교 유튜브 채널에 무료로 공개되어 있는 조 블리츠스타인(Joe Blitzstein) 교수의 통계학 강의(https://goo.gl/2NnzTj)를 통해서 통계학을 공부하거나, 류동민 교수의 경제학설사(https://goo.gl/W42FSh)를 들으면서 경제 공부에 도움을 받기도 했습니다. MOOC와 OCW가 점점 더 질적, 양적 팽창을 거듭하고 있는 오늘날, 이처럼 영상을 통한 학습도 좋은 공부법입니다. 특히 책과 논문을 읽기보다 강의를 듣고 정리하는 게 더 적성에 맞는 사람들에게 추천합니다.

장학금 받고 싶은데
어떻게 해야 할까요?

장학금은 대학, 단과대학, 학과마다 수혜 범위가 다른 경우가 많습니다. 기본적으로 대학 운영 방침에 따른 장학금 운영 계획이 있기는 하지만, 학과나 단과대학에서 독자적으로 운영하는 장학금도 많습니다. 또한 개인이나 기업이 운영하는 장학 재단에서 장학금을 주기도 합니다. 그러므로 받을 수 있는 장학금이 어떤 것들이 있는지를 찾아보는 수고가 필요합니다. 주로 학과 홈페이지나 학교 게시판에서 공지사항으로 알리니 잘 살펴보기 바랍니다.

여기서 한 가지 중요하게 짚고 넘어가야 할 게 있습니다. 어떤 장학금을 목표로 하던 간에 국가 장학금 신청이 가장 기본이라는 점입니다. 국가 장학금이란 국가에서 운영하는 한국장학재단(http://www.kosaf.go.kr/)에 장학금을 신청하면 소득분위에 따라 등록금을 지원하는 제도를 말합니다. 왜 이 국가 장학금이 중요하냐면, (국가 장학금을 신청할 때 가계 소득 자료 공개에 동의할 경우) 한국장학재단에서 산정하는 가계 소득분위 때문입니다. 이 소득분위 자료가 (오로지 성적만 보는 몇몇 장학금을 제외하면) 대부분의 장학 프로그램에서 참고 자료로 이용되기 때문에 국가 장학금을 신청하지 않으면 지원할 수 있는 장학 프로그램 자체가 줄어드는 불이익을 받을 수 있습니다. 따라서 매년 초에 열리는 국가 장학금 신청 기간을 꼭 확인했다가 장학금 수혜의 기회를 놓치지 마시기 바랍니다!

핑계 없는 무덤

사람들이 물을 때마다
당황스럽다.
"어릴 적 꿈이 뭐였어요?"

아무리 생각해도 없다.
억지로 쥐어짜면 하나 있긴 한데,

대학 가서까지
체육을 해야 하나 싶어
선생님의 꿈을 재빨리 접었다.

하지만 고1이 되어, 하고 싶은 것이 생겼다.

세상에 ···
넘나 멋지잖아?
봉쥬흐!
봉쥬흐 ···
흐흐흐흐 ······

하지만 기쁨은

일주일도 가지 못하고

산산조각 난다.

그렇게 시골 소녀는 상처를 받았지만
곧 현실에 적응해야 했다.

하지만 시골 소녀의 가슴에 싹튼
사랑은 커져만 가고

나는 숱한 방해를 물리치고,
일천구백구십육 년 삼월,
불문과에 입학한다. → 에펠탑

그냥 살아 있는 것도
쉽지 않네

대학생이 되면 마주하는 어려움 가운데 하나가 '기본적인 생활'을 스스로 꾸리는 것입니다. 물론 저마다 처한 환경과 조건이 다르기 때문에 부모에게 의존하는 정도도 다릅니다. 그렇지만 대부분의 대학생들은 생활을 지탱하기 위해서 노동이라는 문제에 직면합니다. 등록금이 비싸서 가정 경제에 부담을 줄 수밖에 없고 용돈은 스스로 벌어야 하는 경우가 많으니까요. 더군다나 다른 지역으로 대학을 가는 경우에는 이런 문제가 더욱 또렷해집니다. 통학하기 어려우니 자취를 해야 하고, 자취를 하려면 생활비를 벌어야 합니다. 지금까지는 가족 안에서 부담하지 않았던 일들을 이제는 도맡아야 한다는 사실을 깨닫게 됩니다. 생활 가운데 노동이 들어가지 않는 게 없다는 사실도 알게 되죠. 생활에 들어가는 돈은 모두 노동의 대가이고, 돈으로 보상받지 못하는 가사

노동도 모두 노동입니다. 노동의 문제가 삶의 문제로 밀접하게 들어오는 순간입니다.

이는 대학생들에게 '계약'이라는 법적인 관계 속으로 들어가는 첫 계기가 되기도 합니다. 근로 계약을 맺음으로써 노동을 제공하고 대가를 받는 것, 임대 계약을 맺음으로써 살 방을 얻는 것은 모두 법이 보장하는 계약을 체결하는 경험들입니다. 어떻게 보면 대학생들은 스스로 생활을 꾸려나가는 계기를 통해서 복잡한 사회관계 속으로 밀려들어 간다고도 할 수 있습니다. '대학에서 살아남기'에서 노동과 관련한 문제들은 낯설지만 피할 수 없습니다. 대학생으로서 핵심적으로 마주하게 될 세 가지 문제를 이야기하겠습니다.

돌봄노동과 재생산 조건

먼저 돌봄노동과 재생산 조건입니다. 용어가 다소 생소한가요? '돌봄노동'은 가사노동과 비슷한 말입니다. 우리 삶을 돌보기 위해서 필요한 노동들을 총칭해서 일컫는 말입니다. 요리, 장보기, 청소, 세탁, 설거지 같은 활동들을 말합니다. 재생산은 사회적으로 이뤄지는 생산이 다시금 이뤄진다는 뜻을 갖고 있습니다. 따라서 '재생산 조건'은 사회적 생산이 존속될 수 있게끔 하는 조건이라는 뜻입니다. 돌봄노동과 재생산 조건을 나란히 쓴 까닭은 돌봄노동이 이러한 재생산 조건을 이루는 중요한 부분이기 때문입니다. 생각해보세요. 사람이 사회적 생산에 기여하기 위해서는 생산적인 활동을 할 수 있는 힘이 필요합니다. 그런데 이 힘이 저절로 주어지나요? 그렇지 않습니다. 적절하게 조리한 음식을 먹고, 질병에 걸리지 않도록 위생적인 환경을 갖추고, 충분한 휴식을 취해야 합니다. 바로 이런 힘(노동력)을 갖추는 것이 재생산의 조건이고, 이 조건을 갖추는 데 필요한 요소가 돌봄노동입니다.

이걸 대학생이 가장 깊이 깨닫는 계기가 바로 자취입니다. 자취를 하면 생각보다 귀찮은 일이 한 두 가지가 아닙니다. 밥도 해 먹어야지, 설거지도 해야지, 화장실 곰팡이도 없애야지, 창틀도 닦아야지, 구석에 쌓인 먼지도 쓸어내야지, 빨래도 해야지, 장도 봐야지……. 신경 써야 할 일이 꽤 많습니다. 그래서 저는 자취를 하면서, 쾌적한 삶을 어느 정도 포기하고 편안함을 누리는 방식을 선택했습니다. 설거지와 조리 부담을 줄이기 위해서 사 먹는 끼니를 늘리고, 빨랫감을 줄이기 위해서 옷의 가짓수를 줄였어요. 좀 구차해 보인다고요? 주로 어머니에게 전가된 돌봄노동의 수혜를 자연스럽게 여겨 왔다면 구차해 보일 수 있습니다. 하지만 무엇이든 자기가 직접 하면 이야기가 달라집니다. 당연하게 누려왔던 편한 삶은 사실 누군가의 노고에 의해 지탱되었다는 점을 알아야 합니다. 그리고 자취는 그걸 깨닫는 데 아주 적절합니다. 네, 저도 엄청 많이 느꼈습니다. 살아 있는 것만으로도 귀찮은 일투성이라는 걸 말이에요.

대학생으로서 자취를 시작할 예정이라면 돌봄노동에 대해 한번 진지하게 생각해보세요. 평범하게 누리던 것들 가운데 무엇을 미처 신경 쓰지 못했는지 살펴 대책을 마련하세요. 밥을 한 번도 해본 적이 없다면 밥 짓는 법, 라면 끓이는 법, 간단한 국 끓이는 법 정도는 알아야 외식이 부담스러울 때 끼니를 해결할 수 있습니다. 그 가운데 제가 꼭 강조하고 싶은 게 있습니다. 자취방의 습기 관리입니다. 체감이 잘 안 돼서 신경을 못 쓰는 것 가운데 하나가 습기입니다. 그런데 이 습기가 옷, 음식물 쓰레기, 곰팡이 등 각종 문제들과 직결됩니다. 습기를 신경 쓰지 않으면 옷에서 이상한 냄새가 난다거나, 음식물 쓰레기가 금방 부패해서 악취가 난다거나, 곰팡이가 곳곳에 슬죠. 특히 곰팡이를 아우르는 진균은 심각한 간지럼을 유발하기도 합니다. 집을 쾌적하게 유지하기 위해서는 습기 조절이 필수입니다. 어떻게 그렇게 잘 아냐고요? 네, 제가 직접 겪었기 때문입니다!

임금노동과 근로 계약

대학생이 되면 마주하는 또 다른 문제가 바로 노동입니다. 여행비나 생활비 마련 등 사람마다 동기는 다르겠지만 노동을 직간접적으로 고민하게 됩니다. 그만큼 대학 생활에서 경제적 부담이 크다는 이야기겠죠. 대학생 노동도 다양해서 일반화하기 어렵지만, 크게 두 가지 범주로 나누어 살펴보겠습니다.

첫째, 일반적인 임금노동입니다. 사용자와 계약을 맺어서 노동력을 제공하고 그 대가를 받는 노동이죠. 대체로 대학생들은 흔히 '아르바이트(알바)'라고 부르는 파트타임 노동을 합니다. 서빙, 주방 보조, 카페 종업원, 과외 등이 대표적입니다. 알바를 찾을 때에는 주로 구직 플랫폼을 이용합니다. 수수료를 조금 떼기는 하지만, 원하는 조건의 과외 학생을 연결해주는 플랫폼도 있습니다. 문제는 알바를 찾는 과정에서부터 정신을 바짝 차려야 한다는 점입니다. 주휴수당 등 당연한 법적 권리들을 교묘하게 누락시키거나 지급하지 않겠다고 공언하는 경우가 있기 때문입니다. 반드시 전화를 걸어서 임금을 제대로 지급하는지 확인하세요. 그렇지 않으면 힘들게 일하고도 법이 정한 적정임금조차 받지 못하는 불상사가 생길 수 있습니다.

몇 가지 주의할 점을 짚어보겠습니다. 첫째로 근로계약서를 꼭 써야 합니다. 이건 과외도 마찬가지예요. 과외도 사용자(학부모)와 피고용인(대학생)이 분명한 만큼 계약서를 써서 받을 금액을 정확히 명시하는 게 좋습니다. 그래야 나중에 문제가 생기더라도 계약서를 기준으로 이야기할 여지가 생깁니다. 계약서를 쓸 때 어떻게 써야 하는지, 어떤 내용이 들어가야 하는지 잘 모르겠다면 인터넷에서 검색하세요. 그러면 일반적으로 쓰는 서식들이 나옵니다. 지금 맺을 계약에 맞게 그 서식을 조금만 고쳐 쓰면 됩니다. 둘째로 휴식 시간, 야간수당, 실업급여, 휴일(주휴수당), 최저임금 등 법이 정한 권리들을 꼼꼼히 살펴보고 챙겨야 합니다. 이와 관련해서 근로기준법 제4장을 잘 살펴보기 바랍니다. 우리 사회가 알아서 노동의 권리를 보장하면 좋겠지만, 그렇지 않기 때문에 의구심을 품을 필요가 있습니다. 뭐든지 의구심으로부터 문제 해결을 위한 노력이 시작되기 마련입니다. 셋째로 각종 부당 행위에 적극적으로 대처해야 합니다. 어떤 사업장은 손님이 적은 시간에 알바노동자에게 휴식 시간을 주고 그에 해당하는 임금을 제외하는 경우가 있습니다. 이를 흔히 '꺾기'라고 하는데요. 꺾기는 명백한 부당 행위입니다. 또 휴식 시간을 제대로 주지 않고 찔끔찔끔 나눠서 주는 것도 부당 행위에 해당합니다. 모두 법적으로 시정을 요청할 수 있습니다. 자신이 부당 행위를 당하고 있다고 생각되면 주저 말고 주변에 도움을 요청하세요. 알바노동자들의 권익 향상에 힘쓰고 있는 알바노조(http://www.alba.or.kr/)나 민주노총 서울본부 노동법률지원센터(http://seoul.nodong.org) 등에서 무료로 상담을 받을 수 있습니다. 여러 명의 알바가 일하는 사업장이라면 주변 동료들과 이야기를 나누는 것도 좋습니다. 사용자의 부당 행위에 맞서는 일은 나뿐만 아니라 다른 사람들을 위해서이기도 하니까요. 혹시나 '아쉽지만 몇 푼 안 되는 돈 내가 참고 말지 뭐'라고 생각하는 이들이 있을지도 모르겠습니다. 그러나 그 몇 푼 안 되는 돈이 간절한 사람이 나와 함께 부조리한 환경에서 일한다고 생각해보세요.

인터넷에서 한동안 "호의가 계속되면 그게 권리인 줄 안다"라는 영화 〈부당거래〉의 대사가 유행한 적이 있습니다. 부패 검사의 대사였는데, 마치 한국 사회의 문제를 잘 짚는 양 유포되었죠. 그러나 제가 보기엔 정반대입니다. 한국 사회는 자기 권리를 타인(특히 강자)이 베푸는 호의인 줄 착각하는 경우가 더 많은 것 같습니다. 자기가 힘들여 일한 대가를 받는 건 당연한 권리인데도 마치 사장이 베푸는 호의라고 생각하잖아요? 눈앞의 부당 행위를 방치하고 눈을 돌리면, 우리 생존을 위협하는 이런 문제들은 다른 곳에서 종양처럼 커질 수밖에 없습니다. 내가 통제할 수 있는 삶의 영역은 계속해서

위축될 테고요.

실제로 노동이 천시되는 우리 사회는 "죽을 만큼 노력해서 평범한 생활이라도 달성하길 바라는" 사회가 돼버렸습니다. 이는 JTBC 〈말하는 대로〉에서 사회학자 오찬호가 한 말입니다. 죽을 만큼 노력했다면 그에 대한 보상으로 이상적인 삶, 풍요로운 삶을 바라는 게 보통이잖아요. 그런데 한국 사회에서는 죽을 만큼 노력해서 인간다울 수 있는 최소한도의 삶만을 욕구하는 상황이 되었다는 것입니다. 죽을 만큼 일해도 돌아오는 대가는 풍요로운 삶에 도달하기에 턱없이 부족하기 때문입니다. 따라서 다소 귀찮더라도 내 권리를 따져서 정당한 몫을 요구해야 합니다. 그러라고 있는 게 법이고, 법과 같은 세상살이의 이치를 궁구하고 자기 삶을 만들어가는 과정에 있는 사람이 대학생입니다.

둘째, 근로장학생 제도입니다. 근로장학생은 대학생에게만 해당하는 특이한 고용 형태입니다. 실제로는 학교가 사용자가 되고 학생은 피고용인이 되어서 각종 노동을 합니다. 학생은 주로 학교의 간단한 행정 업무를 돕는 일을 합니다. 어디에서 일하느냐에 따라 편차가 있지만, 대체로 노동 강도가 높지는 않습니다. 남는 시간에는 공부를 할 수도 있고요. 그래서 학비 때문에 노동을 하는 학생들이 선호합니다. 근로장학생은 각 대학 포털 사이트[7]나 모집하는 단위(도서관, 학생처

등)에서 게시판 등에 공고를 해서 모집합니다. 그러니까 근로장학생을 할 생각이라면 이런 정보처들을 수시로 확인하는 게 좋습니다.

다만 염두에 두어야 할 점이 있습니다. 근로장학생 제도에서 학교가 사용자이고 학생이 피고용인이라는 것은 '사실상' 그렇다는 것이지, 형식은 어디까지나 장학생 제도입니다. 장학금은 노동의 정당한 대가로서 법적 보호를 받는 임금과는 다릅니다. 장학금은 학교가 학생들의 학업을 장려하기 위해서 주는 돈입니다. 장학금이야말로 (권리가 아닌) 호의라면 호의죠. 당연히 근로장학생은 근로계약서를 쓰지 않습니다. 근로장학생은 노동권 보호의 사각지대에 있는 셈입니다. 근로장학생은 학교가 행정 지연 등을 이유로 임금 지급을 미루고 체불하더라도 기다리는 수밖에 없습니다. 가끔씩 손쉽게 해고되기도 합니다. 대표적인 사례가 2018년 2월에 있었던 동국대학교의 근로장학생 대규모 해고 사태입니다. 동국대학교는 한국장학재단으로부터 근로장학생들에게 지급하기 위해 지원받던 기금이 당초 예상보다 빠르게 소진되었다는 이유로 해고를 통보했습니다. 그렇지만 학생들이 이걸 불법이라고 호소할 길은 없었죠. 어디까지나 장학생이지 노동자가 아니니까요.

이것만 보더라도 호의와 권리가 어떻게 다른지, 법적으로 보호받는 몫과 그렇지 못한 몫 사이의 차이가 얼마나 큰지를 알 수 있습니다. 사회적으로 가시화·공론화되지 않는 사각지대에서는 이처럼 노동 가치에 대한 평가절하가 손쉽게 정당화됩니다. 노동을 억압하는 일들도 너무나 쉽게 벌어지고요.

주거와 임대 계약

일해서 학비도 내고, 생활비도 벌고, 음식도 만들고, 세탁도 하고……먹고 입는 문제에 대해서는 고민을 좀 한 것 같습니다. 그런데 아직 자는 문제, 다시 말하면 누울 공간을 마련하는 문제에 대해서는 충분히 이야기하지 못했습니다. 이것도 매우 중요한 문제입니다. 기숙사가 잘 마련되어 있다면 고민이 덜하겠지만, 기숙사 수용률이 낮은 대학에서는 많은 학생들이 집을 따로 알아봐야 합니다. 기숙사에는 여러 가지 제약들이 따르므로 자기만의 공간을 꾸리고 싶은 학생은 더더욱 자취를 하고 싶을 테고요.

그런데 갑자기 집을 알아보려니 막막하겠죠. 그래서 순서대로 하나하나 짚어보겠습니다.[8] 첫째로 자기가 살고 싶은 주거 양식과 조건들을 잘 따져야 합니다. 학교로부터 어느 정도 떨어져 있는 게 좋은지, 룸메이트를 들일 건지 말 건지, 방은 몇 개나 필요한지 등을 따져야 합니다. 이를 중심으로 가격대와의 적절한 타협이 필요합니다. 학교에 가까울수록 당연히 통학하기 편하니까 좋겠죠. 하지만 상대적으로 가격이 비싸므로 적절히 타협해서 외곽으로 빠지는 것도 고려해야 합니다.

둘째로 매물과 시세를 비교하는 겁니다. 요즘엔 검색 포털에 'ㅇㅇ동 원룸 시세'만 쳐도 비교 가격을 알 수 있습니다. 그래도 못 미덥다면 발품을 파는 것도 좋은 방법입니다. 직접 공인중개사 사무실을 방문하거나 각종 스마트폰 애플리케이션을 이용할 수 있습니다. 학교 커뮤니티 사이트에서도 정보를 구할 수 있습니다. 학우들이 직접 자취를 하면서 겪은 경험담을 건질 수도 있으니 잘 활용하세요.

셋째로는 현장 답사입니다. 매물과 시세를 비교해서 적절한 집을 골랐다면 직접 가서 방을 확인하세요. 아무래도 인터넷에 올라온 사진이나 경험담만으로는 지금 상황이 어떤지 정확히 알 수 없으니까요. 임대나 하숙을 하는 주택의 외곽에 전화번호가 적혀 있습니다. 전화해서 방을 좀 보고 싶다고 말하면, 보통 관리인이 같은 구조의 빈 방을 보여줍니다.

넷째로는 계약을 맺기 위해 필요한 세세한 내용들에 대한 점검입니다. 먼저 계약을 중개한 공인중개사가 있다면 거래 성사에 대한 비용(복비)을 지급해야 합니다. '부동산 복비 계산기' 내지는 '부동산 중개 보수 계산기'라고 검색하면 복비를 어느 정도 지급해야 하는지 알 수 있습니다. 그리고 거래 하려는 상대방에게 부동산 등기부등본과 건축물대장 등을 확인합니다. 이 과정이 꼭 필요한 까닭은 내가 지금 진짜 집주인과 계약하는지를 확인하기 위해서입니다. 계약도 하고 입금도 다 했는데 알고 보니 집주인이 다른 사람이었다거나 적법한 계약이 아니었다면 골치가 아프겠죠? 이를 방지하기 위해 부동산에 대한 권리 관계를 명시한 부동산 등기부등본을 확인하는 겁니다.

다섯째로는 계약서를 써서 확실히 계약을 맺는 겁니다. 이 때 계약서에 쓴 내용이 맞는지, 계약서에 누가 돈을 언제 입금하기로 했고, 언제까지 살기로 했는지 등을 확인해야 합니다. 그리고 나중에 문제가 생기지 않도록 계약서를 복사해서 한 부씩 서로 보관하고요. 계약서 체결이 완료되었다면 서로 약속한 금액을 지불하고 이사를 준비하면 됩니다.

여섯째로 이사 전후에 주민자치센터에서 이전신고, 전입신고 등을 합니다. 보증금을 지키고 부동산 사용에 대한 법적 권리를 보장받기 위해서 꼭 필요한 절차입니다. 가끔씩 전에 살던 사람이 전출신고를 하지 않는 황당한 경우가 발생하기도 하는데요. 주민자치센터에서 직권말소 신청을 하면 됩니다.

어때요, 좀 복잡하죠? 기숙사만 충분해도 이런 고생은 안 할 텐데 말이에요. 더군다나 대학 주변의 원룸 등은 수요가 많아서 구하기도 어렵고요. 그런데 바로 이 점이 대학생 주거 문제의 발목을 잡기도 합니다. 기숙사 신축은 부지 선정 문제에다가 대학가 부동산 소유주들의 이권 문제가 결부되어 있습니다. 기숙사를 신축하라고 학생들이 아무리 학교를 압박한들 주민들(주로 부동산 임대업자)의 압박을 받는 지방자치단체가 허가를 내주지 않으면 지을 수가 없습니다. 이로 인한 학생들과 임대업자들의 갈등도 대학생 주거 문제의 한 축입니다.

사회에서는 이처럼 '살아남기' 자체가 여러 권리 및 이해관계와 복잡하게 연결되어 있습니다. 복잡하고 어려운 나머지 그냥 무시하고 싶은 마음이 들 수도 있습니다. 하지만 그런다고 해서 그 문제가 사라지지는 않습니다. 오히려 집요하게 몸집을 불려서 애써 돌린 시선 안으로 침범해 들어오죠. 무시가 해결책이 될 수 없다면 생존의 문제를 똑바로 응시해야 합니다. 그럼 생존의 문제를 가볍게 만들기 위한 공동의 노력이 보이기 시작합니다. 예컨대 내가 다니는 학교가 기숙사 신축 문제나 근로장학생 노동권 침해 문제로 시끄럽다면, 캠페인하는 학생 단체를 그냥 지나치지는 않을 겁니다. 한마디라도 듣고 서명도 하겠죠. 생존의 문제는 한 사람의 힘으로는 버틸 수 있을 뿐, 들어서 옮기거나 줄일 순 없습니다.

알바나 일자리를 찾고 있는데 쉽지가 않아요

그럴 때에는 '약한 연결의 힘(strength of weak ties)'을 믿어보는 것이 좋습니다. 약한 연결의 힘이란 미국의 사회학자인 마크 그라노베터(Mark Granovetter)가 1973년 출간한 같은 이름의 논문에서 주장한 개념입니다. 그라노베터는 구직 행위를 연구하다가 흥미로운 사실을 하나 발견했습니다. 사람들이 일자리를 구할 때 가장 도움을 받는 경로가 느슨하게 연결된 인적 망이라는 사실입니다. 가족이나 친척처럼 강한 연결로 묶인 집단이나 대중매체 같은 비개인적인 경로는 오히려 느슨한 인적 연결망보다 덜 도움이 되었습니다.

강한 연결로 묶인 인간 집단은 자기와 비슷한 사회적 환경을 공유할 가능성이 높습니다. 그래서 자기의 좁은 경험 세계 밖에 존재하는 유용한 정보(구직 정보)에 도달하는 데에는 대체로 큰 도움을 주지 못합니다. 외부 정보들을 분별없이 쏟아내는 대중매체도 마찬가지입니다. 수많은 정보들 가운데 무엇이 나에게 유용한지를 직접 매달려서 알아내야 합니다. 알바 자리 구할 때 구직 플랫폼을 붙잡고 몇날며칠을 고생한 경험이 있다면 무슨 말인지 이해할 겁니다. 결국 내 처지와 능력을 잘 아는 사람들과 연결되어 있기는 하지만, 느슨하고 약하게 연결된 사람들(친구의 친구, 잘 모르는 대학 동기 등)이 의외로 유용한 정보를 줄 가능성이 높습니다. 저는 이런 느슨한 연결고리를 빠르게 확장할 수 있는 매체가 SNS라고 생각합니다.

저도 SNS를 통해서 좋은 기회들을 많이 잡았어요. 관심이 있는 학회에 초대받아서 사람들을 만나기도 했고, 청년 연구자들이 기획하는 학회로부터 발표 제안을 받기도 했습니다. 이 책을 쓰게 된 계기도 출판사 대표와 페이스북 친구로 연결되어 있었기 때문이죠. 이처럼 알바나 일자리, 특히 과외같이 내 조건이 중요하게 작용하는 일자리를 구할 때에는 SNS 연결망을 이용하는 것도 나쁘지 않습니다.

왜 말을 못 하니!

대학 1학년 겨울,
과 친구의 소개로 과외를 하게 되었다.
과외비는 보통 선불로 받았는데,
이 학생 부모님은 두 달이 다 되어가는데도
과외비 줄 생각을 안 했다.

나는 몇 번을 망설이다
이야기를 꺼냈다.

그러자 학생 어머니가 화를 냈다.

집으로 돌아가는 길.
버스 안에서 창밖을 바라보았다.

눈물이 났다.

그런데 이십여 년이 지난 지금
세상도, 나도 달라진 게 없다.

난 어느 곳에도 없는
나의 자리를 찾으려

어느덧 1부의 마지막 장까지 왔습니다. 대학생으로서 저절로 마주치는 고민들을 따라가다 보면 그 마지막에는 언제나 졸업이 있습니다. 3학년을 지나 졸업을 고민할 때쯤 되면, 많은 대학생들이 쓸쓸함과 공허함을 느낍니다. 대학 안에서도, 대학 밖에서도 자기 자리가 없다고 느끼기 때문이죠.

대학 안에서는 동기들이 뿔뿔이 흩어집니다. 1학년이나 2학년을 마치면 남학생 대부분이 군대에 갑니다. 입대하지 않는 학생들도 보통 교환학생이나 취업 준비 등으로 흩어져서 이전처럼 얼굴 보기가 쉽지 않습니다. 웬만한 전공 필수 과목은 같이 다 들었고, 이제는 남은 졸업 학점을 채우기 위해 서로 바쁩니다. 이렇게 고학년 선배가 된 사이에 캠퍼스 라이프를 즐기기에도 바쁜 새내기들이 학교를 채웁니다. 학생 사회를 이끄는 것도 이제 나와 동기들이 아닙니다. 학과 전공 수업에 들어가도 모르는 얼굴들뿐입니다.

대학 밖에는 내 자리가 있느냐? 그렇지도 않습니다. 요즘처럼 경제 전반이 저성장인 시대에는 고용 창출도 더딜 수밖에 없습니다. 마땅한 일자리 찾기가 쉽지 않습니다. 불투명하고 어두운 미래가 마치 자욱한 안개 속 같습니다. 상대적으로 취업이 잘 되는 학과생도 마찬가지입니다. 정말로 내가 바라던 직업인지, 내가 원하는 길인지를 뒤늦게 고민하기 시작합니다.

지도와 나침반

"어느 곳에도 없는 나의 자리를 찾아"[9] 안갯속을 헤매는 것이 고학년생들의 숙명입니다. 그렇다면 무엇을 어떻게 해야 할까요? 안갯속에서 먼저 해야 할 일은 지도 만들기입니다. 지금까지 대학 생활하면서 배우고 고민했던 것들을 동원해서 현실을 반영하는 지도를 그리는 것이죠. 물론 이때의 현실은 어디까지나 내 마음에 비춰진 것이기 때문에 한계가 있습니다. 원래 지도가 그렇잖아요. 현실 지표를 이해하기 쉽게 만드는 과정에서 지형지물을 추상화하고 범위를 제한해서 표시합니다. 처음 만들 때는 오차나 오류가 발생하기 마련이고요. 이처럼 현실 인식이란 주변인들의 조언과 충고, 내 좁은 경험 세계 안에서 만들어진 불완전한 인식입니다. 그러나 불완전한 현실 인식 안에서도 내가 어디로 가야 하는지를 표시하는 게 중요합니다. 그래서 "결국 현실이 이렇다면, 나는 도대체 뭘 하고 싶은 거지?"라고 묻고 답해야 합니다.

지도를 구체적인 현실과 대응하도록 돕는 것이 바로 나침반입니다. 나침반은 불완전한 현실 인식을 실제 현실에 맞게 교정하는 역할을 합니다. 바로 각종 통계나 뉴스, 해당 직종 종사자의 증언, 경력개발센터에서의 상담 들입니다. 이렇게 나침반의 도움을 받으며 지도를 정확하게 고쳐 나갑니다. 처음부터 구체적이고 현실적인 진로 계획이 서는 경우는 매우 드뭅니다. 요즘처럼 노동시장이 세분화되고 급변하는 시대에는 더욱 그렇습니다.

나침반(객관적인 자료)을 바탕으로 지도(현실 인식)와 지형(현실)을 대응시키면서 내 경로(진로)에 놓인 장애물이나 교통수단이 무엇인지 파악하기! 안갯속에서 우리가 취할 수 있는 최선의 방법입니다. 물론 그 과정에서 예상치 못한 경험을 만나 자의든 타의든 경로를 바꾸는 일도 생길 겁니다. 그런 일이 너무 잦아서, 때로는 경로 설정조차 막막해서 고통스러운 순간이 이어질 수도 있고요. 저는 이 고통의 순간을 '나중에 잘 되면 좋은 추억이 될 성장통'이라는 식으로 포장하고 싶지 않습니다. 영원히 고통을 이겨내지 못한 채 짓눌러버릴지도 모르니까요. 극복이 돼야 고통도 추억이 됩니다. 지도를 계속 고치고 덧그리다가 지도가 찢어지거나 새까맣게 되면 다 무슨 소용이죠? 게다가 이겨낸다고 고통스러웠던 순간이 갑자기 쾌락의 순간으로 바뀌는 것도 아닙니다.

고통의 순간이 견디기 힘들 정도로 이어질 때에는 유예하지 말고 던져야 할 질문이 있습니다. 당장의 '노오오오력'과 방법을 논하기 전에 이런 노력을 요청하는 사회제도나 사회구조가 바람직한가를 따지는 것입니다. 짙은 안개 속에서 헤매며 길을 찾는 방법에 몰두할 게 아니라, 짙은 안개를 조금이라도 걷어내는 방법을 궁구하는 것이죠. 이에 대해서는 2부에서 본격적으로 이야기하겠습니다.

졸업 요건이라는 문턱

어떤 경로로 나아갈지를 결정했다면 이제 졸업이라는 문을 열어야 합니다. 졸업은 그 자체로 대학의 출구이자 사회의 입구입니다. 학위 하나가 생기는 대신, 본격적으로 스스로 생계를 꾸려야 하는 압박감에 직면합니다. 그런데 졸업이라는 문에는 문턱이 있습니다. 그냥 스윽 지나가면 되는 게 아닙니다. 졸업 요건을 갖춰야 합니다. 이 문턱은 문의 성격을 그대로 반영하고 있습니다. 문은 대학과 사회가 맞닿은 지점, 즉 국가 내지 사회가 필요로 하는 유용성의 논리가 작용하는 지점에 있습니다. 그렇기 때문에 대학에서 사회로 학생을 내보내는 문 역시 사회가 요구하는 기능적인 측면에 초점이 맞춰져 있습니다. 대부분의 대학에서 요구하는 영어 공인인증시험 성적이 대표적입니다.

보통 졸업 요건은 학교 포털에서 확인할 수 있습니다. 학과 홈페이지에서도 학과 전공의 졸업 요건을 명시한 경우가 대부분이고요. 만약 별 탈 없이 6학기에서 7학기 정도를 이수했다면 학과 사무실에서도 졸업 예정자들을 대상으로 연락을 합니다. 학과 사무실로 와서 졸업사정표를 확인하고 졸업에 필요한 학점, 졸업 요건 등을 점검하라고요. 졸업사정표는 지금까지 이수한 학점, 달성한 졸업 요건 등을 표시해 졸업까지 얼마나 남았는지를 알려주는 장치입니다. 학교 포털 사이트에서 확인할 수 있도록 한 학교도 있습니다. 아무튼 졸업사정표를 보면서 졸업에 필요한 요건을 어떻게 갖출 것인지 계획해야 합니다. 단, 졸업 요건이 다 갖춰진 순간 자동적으로 졸업 처리가 될 수 있음을 염두에 두어야 합니다. 졸업을 유예하려고 했던 사람이라면, 예기치 못하게 졸업이 될 수 있습니다.

대부분의 졸업 요건에 들어가는 내용들을 확인해보죠. 먼저 졸업 이수 학점입니다. 크게 두 가지를 확인하면 됩니다. 첫째로 각 영역마다 학점이 얼마나 배정되어 있는가를 살핍니다. 영역은 전공 필수 과목, 전공 선택 과목, 교양 과목 등을 말하는데요. 이들 영역에서 최소한 필요로 하는 학점이 있습니다(어떤 경우에는 전공으로 인정하는 최대 학점 제한이 있기도 합니다. 이것도 학과나 전공 제도마다 다르니 꼭 확인하세요). 어느 영역에서 얼마나 미달되었는지를 확인해서 학기별 이수 학점을 조절할 수 있습니다. 둘째로 꼭 수강하라고 지정한 과목들을 이수했는가를 살핍니다. 영어 강의 수강 횟수 제한, 특수 과목(1학년 필수 교양 등)을 확인해야 합니다. 사정이 있어서 1학년 필수 교양을 놓쳤다면 마지막 학기에 몰아서 들어야 할 수도 있습니다.

졸업 마지막 학기에 이수해야 할 학점은 적을수록 좋다는 말을 꼭 하고 싶습니다. 졸업을 앞둔 학기에 중요한 일들을 병행해야 하는 경우가 많기 때문입니다. 취업 준비생이라면 면접을 보거나 구직 활동을 할 것이고, 대학원 준비생이라면 면접을 보거나 시험을 치러야 합니다. 이런 일을 하면서 졸업 학기에 많은 수업을 듣기란 참 어렵습니다. 물론 교수에게 양해를 구하고 두 가지를 병행할 수도 있겠지만, 어디까지나 결정은 교수의 몫입니다. 그래서 많은 학생들이 졸업 학기에는 마음 편하게 수업을 듣기 위해서 2~3과목(약 6~9학점) 정도만 남겨놓습니다.

둘째, 각종 공인인증시험 성적입니다. 대체로 영어 공인인증시험 성적만 요구하지만, 때에 따라서는 한자 공인인증시험이나 제2외국어 성적을 요구할 수도 있습니다. 따라서 어떤 공인인증시험 성적을 인정하는지, 어느 정도 점수를 받아야 하는지를 살펴야 합니다. 영어는 토플(TOEFL), 토익(TOEIC), 텝스(TEPS), 아이엘츠(IELTS)를 주로 인정합니다. 각 시험들마다 점수 체계가 달라서 요구하는 점수 수준도 다릅니다. 숙련도에 따라서 난이도도 다를 수 있으니 내게 가장 적절한 시험을 선택하는 게 좋습니다. 공인인증시험은 온라인이나 오프라인으로 성적표를 발송하는데요. 이 성적표를 인쇄해서 학과 사무실에 제출하면 공인인증시험 성적과 관련한 졸업 요건이 달성됩니다.

셋째, 전공 제도에 따른 중첩 효과입니다. 복수전공을 했다면 내가 이수한 수업의 학점이 각 전공 제도마다 다르게 계산될 수 있습니다. 예컨대 제1전공에서는 전공 필수 과목으로 인정되었던 수업이 제2전공에서는 교양 과목이나 전공 선택 과목으로 인정될 수도 있습니다. 이런 전공 제도의 중첩 효과로 인해서 취득 학점 계산이 달라질 수 있다는 점을 염두에 두고 졸업사정표를 보세요. 대부분 이런 혼선을 방지하고자 전공마다 다른 학과 사무실에서 졸업사정표를 확인해

줍니다. 그러니 전공 하나의 졸업 요건을 달성했다고 해서 다른 전공 제도의 졸업 요건 확인하는 것을 빠뜨리지 마세요. 괜히 한 번에 양쪽 전공 모두에서 인정받을 수 있는 학점을 놓치고 중복해서 수업을 들을 수도 있습니다.

대학생활 돌아보기

대학을 빠져나가는 문턱 위에 서서 한번 돌아봅시다. 우리가 어떻게 대학생으로 살아남기 위해 발버둥쳤는지 말이에요. 대학에 처음 들어왔을 땐 막연하고 새로운 것뿐이었습니다. 이 공간에 적응하고 친숙해지기 위해 사람들과 어울리고 친구를 만들었습니다. 인간관계에 대한 고민도 있었고 과/반 공동체에 대한 고민도 있었죠. 사람 때문에 울고 웃고 화낸 순간들이었습니다. 어느 정도 동기들과 친해진 뒤에는 대학 입시 스트레스를 해소하고자 마음껏 놀았습니다. 술을 마시고 밤새 놀면서 전에 없던 해방감을 만끽했죠.

　이제 나름 공부에 신경 쓸 2학년이 되었습니다. 들어야 할 전공 수업이 많아졌고, 소화해야 할 텍스트도 많아졌습니다. 과제와 시험에 그 텍스트들을 녹여내느라 진땀 좀 뺐죠. 그래도 대학 축제들을 돌아다니고 문화생활을 누리며 마음의 여유를 잃지 않으려 애썼습니다. 하지만 이 모든 것을 가능하게 하는 노동과 생활이라는 문제를 외면할 수 없었습니다. 틈틈이 알바를 하면서 용돈을 벌었습니다. 꾸준히 모은 돈으로 여행도 다녔고요.

그렇게 지내다보니 어느덧 3학년이 되었습니다. 졸업 요건을 완성하기 위한 고민들과 진로 고민들 속에서 이렇게 살아도 되나 마음 졸였지만, 이젠 그것도 끝입니다. 이번 학기에 이수 학점을 꽉 채우면 내년 봄에는, 올해 여름에는 정말 졸업입니다.

어느 성실한 대학생의 자기 회상을 간략하게 써봤습니다. 공감이 되나요? 그런데 저는 뭔가 비어 있는 느낌이 듭니다. 여기엔 대학생이자 동시에 특정한 사람으로서의 삶이 갖는 고유성이 빠져 있습니다. 대학생이라면 누구에게나 요구되는 삶의 조건에 대응하는 과정에서 만들어진 대학생의 모습이기 때문입니다. 그러나 대학생은 사회가 요청하는 유용성을 받아들여 능력을 기르는 동시에, 자신의 고유한 존엄성을 완성해가는 존재이기도 합니다. 이때의 고유성은 사회구조적으로 만들어진 대학생의 삶에 자기가 원하는 다양한 관계와 실천이 쌓이면서 만들어질 겁니다. 지금까지 '대학생으로 살아남기'를 이야기했으니 이제는 '대학생으로 살아가기'에 대해 살펴겠습니다.

졸업을 위한
체크리스트

지금까지 이야기한 내용들을 쉽게 확인하고 체크할 수 있도록 리스트를 만들었습니다. 이 리스트를 꼼꼼히 체크하는 것이 좋은데요. 필요에 따라서 졸업을 유예해야 할 수도 있기 때문입니다. 예컨대 이수 학점 기준은 채웠지만 다른 졸업 필요 요건들을 채우지 못한 경우에 학과 사무실에서 '수료'로 처리할 수 있습니다. 언제든 여타의 졸업 요건과 관련한 자료를 제출하면 졸업할 수 있는 상황이 되는 것이죠. 경우에 따라서는 바로 졸업하는 게 아니라, 수료 상태에서 구직 활동, 진로 탐색을 해야 할 수도 있습니다. 그러므로 다음 리스트 중에서 어떤 것을 충족시켰는지를 천천히 따져보면서 졸업 계획을 짜는 것도 좋습니다. 물론 학교마다 졸업 요건이 다르니, 필요 없는 항목은 지우거나 새로운 항목을 더하는 방식으로 활용하세요.

- 이수 학점 기준(본전공/부전공에 대한 전공 필수, 전공 선택, 교양 과목 등 이수 학점 기준)
- 필수 수강 강의(1학년 필수 교양, 인권 교육, 성평등 교육 등)

- 외국어 강의 수강 기준(외국어 강의 N과목 이상 수강할 것)
- 공인외국어능력시험 성적(TOEIC, TOEFL, TEPS, IELTS 등 영어 시험, 외국어 시험)
- 재학 연한/졸업 연한(N년 이내에 졸업 요건을 달성해야 함)
- 성적 기준(전체 성적 평점 평균 N점 이상)
- 학적 상태(휴학 중에는 졸업 요건을 갖춰도 졸업이 안 될 수 있음, 8학기 이상 등록, 계절학기로 마지막 이수 학점 기준을 달성한 직후에는 졸업이 불가함 등)
- 자격증(한자능력시험, 한국사능력시험 등)
- 입학 전형에 따른 특별 졸업 요건(외국인 유학생일 경우 한국어 교육 이수 등)
- 졸업 논문, 졸업 작품
- 기타 요건(교수와의 면담 N회 이상 등)
- 이상의 자료들에 대한 증빙 자료 요건, 제출 기한 등

뭐? 취업 공부를 한다고?

1년 후, 혜인이는 은행에 입사했다.

하루종일 문앞에서 인사해.
울 엄마는 아침부터 저녁까지
내가 일하는 데 와서
지켜보고 있어. 여휴 창피해.

좋아서 그러시지.
좋아서.

희영이는 제주도 졸업여행에서
승무원 합격을 확인했다.
희영이가 짜장면을 샀다.

이제
공짜로 해외여행
실컷 하겠네.

엄마아!
뭘 마셔. 안 마셨어.
근데… 날 왜 이렇게
낳았어? 토익공부도
안 했지, 키도 작지,
학점도 거지 같지…
심지어 눈물샘도 막혀서
뚫어야 한데. 아이씨 아파.
뭐야? 나는 왜 이래?
좀 잘 낳지 그랬어…

술 마셨으면 빨리 들어가서
자빠져 자!
키 작은 거랑 눈물샘 막힌 거는
좀 미안하긴 하다.
어여 들어가. 춥다……

2부

대학생으로 살아가기

6장

대학생으로
산다는 것

　　　　　'대학생으로 산다는 것은 무엇일까?' 제가
이 책의 집필 의뢰를 받고 처음으로 머리에 스친 질문입니다.
이 책은 대학생으로 사는 것이 처음인 사람들을 위한 책입니
다. 그렇다면 당연히 대학생으로 산다는 것의 뜻을 되묻지 않
을 수 없습니다. 그래야 제가 무엇에 대해서 글을 쓸지 분명
해질 테니까요. 그래서 저는 평소 하던 방법대로 말을 쪼개서
생각하기로 했습니다. 우선 문장을 개념들로 쪼갠 뒤에 각각
의 개념들은 어떤 의미를 지니고 있는지, 서로 어떤 관계를
맺고 있는지를 생각하는 것입니다.

　먼저 대학생이 뭘까요? 《표준국어대사전》에서는 다음과
같이 명확하게 정의하고 있습니다. 대학생은 '대학교에 다니
는 학생'이라고요. 너무 당연하고 뻔한 말이죠? 그렇지만 그
내용을 톺아보면 이 정의가 그다지 당연하거나 쉽지 않음을

알 수 있습니다. 왜냐하면 이 정의는 보다 구체적인 대답을 요구하는 복잡한 개념들을 끌어안고 있기 때문입니다. 바로 학생과 대학이죠. 학생은 '학예를 배우는 사람'을 뜻하는데, 이때의 학예는 그것을 가르치는 대학과 분리될 수 없습니다. 결국 대학생에 대해서 알기 위해서는 '대학/대학교(大學/大學校, university)[10]란 무엇인가'를 다시 물어야 합니다.

대학의 첫 번째 탄생 : 도시의 대학

대학은 역사가 상당히 오래된 개념입니다. 볼로냐대학(Alma Mater Studiorum Universita di Bologna)은 교육 기관으로서 최초의 공식 기록을 갖고 있습니다. 무려 1088년이죠. 그리고 1158년에는 신성로마제국 황제의 특허를 받아 '세계에서 최초로 정식 인가를 받은 대학'이 됩니다. 대학은 약 860년의 역사를 지닌 셈입니다. 800년이 넘는 대학의 역사를 세세히 되짚을 수는 없으며, 그게 우리의 목표도 아닙니다. 그러므로 여기에서는 대학의 역사를 두 번의 (재)탄생과 한 번의 죽음으로 정리하는 일본 학자 요시미 순야(吉見俊哉)의 설명[11]을 제 나름대로 요약해 소개하겠습니다.

대학의 탄생은 중세 기독교와 이슬람 세계의 상호 작용과 밀접한 관련이 있습니다. 첫째, 유동성을 토대로 한 도시 발전입니다. 10세기부터 유럽에서는 농업이 발전하고 상품 거래가 활발해지면서 물류와 인구가 집중되는 경제적 거점들이 발달하기 시작합니다. 그리고 이들 거점이 도시로 성장합니다. 이때 이슬람 세계는 도시 발전을 더욱 촉진하는 하나의 계기가 됩니다. 이슬람 세계가 자리 잡고 있는 거점이 아시아와 유럽을 육로로 연결하는 지역이었던 탓에 해로를 이용한 무역이 발전했기 때문입니다. 이렇게 발전한 상인들의 무역 네트워크는 도시를 다양한 사람과 물자가 오가는 자유로운 공간으로 만들었습니다.

왜 도시가 특별한 공간이었는지는 당대의 봉건적 질서를 상징하는 장원과 비교하면 명확히 알 수 있습니다. 장원은 수직적인 위계 관계(hierarchy)와 착취 관계로 이루어진 공간이었습니다. 반면에 도시는 무역을 통해 부를 거머쥔 상인들이 자체 질서를 세워 운영하는 자율 영역으로 자리 잡았습니다. 도시는 장원의 봉건적·기독교적 질서와 단절한 근대적·세속적 자유의 영역이었죠. 그렇다면 도시는 어떻게 이런 자유를 손에 넣었을까요? 교황이라는 종교 권력과 황제라는 세속 권력의 경합 속에서 적절히 이득을 챙긴 결과였습니다. 당시 교황과 황제는 고위 성직자의 서임권을 두고 투쟁을 벌였습니다. 이로 인한 혼란을 틈타 상인들은 영주(주교, 대주교 등)를 지역에서 몰아내고 국왕으로부터 자치권을 인정받을 수 있었습니다. 이와 같은 '자유로운 도시'의 발전은 무역을 통해 성장한 중산층들이 견문을 넓히고 자유로운 지식인으로서 성장할 수 있는 조건이 되었습니다.

둘째, 아리스토텔레스 혁명입니다. 로마가 기독교를 지배 이념으로 채택한 뒤 유럽에서는 고대부터 발전한 다른 철학적 전통들이 뒷전으로 밀려납니다. 그렇다면 이 철학적 전통들은 어디서 명맥을 이어갔을까요? 바로 이슬람 세계입니다. 이성을 강조하는 플라톤, 아리스토텔레스 등이 쓴 그리스 철학 저술들이 이슬람 세계로 흘러 들어갑니다. 중세 시기 십자군전쟁과 레콩키스타전쟁(711~1492년, 780년 동안 에스파냐의 그리스도교도가 이슬람교도에 대해 벌인 실지(失地) 회복 운동)은 이렇게 이슬람 세계로 흘러들어간 그리스 철학 저술들이 다시금 유럽으로 돌아오는 계기가 되었습니다. 그리스 철학의 귀환이 지성계에 미친 영향은 대단했습니다. 그중에서도 아리스토텔레스의 형이상학, 논리학, 자연철학은 이성을 통해 세상을 인식할 수 있다는 관점을 제공함으로써 당대의 세계관을 크게 바꿔놓았습니다. 새로운 지식의 영역이 열린 셈이죠.

이런 조건에서 대학은 '조합'의 형태로 처음 등장합니다. 최초의 대학으로 일컫는 볼로냐도 조합 형태로 등장했습니다. 북이탈리아의 도시 볼로냐에는 당대의 저명한 법학자들이 살고 있었고, 이들에게 배움을 청하려는 청년들이 도시로 모여들었습니다. 그러나 청년들은 볼로냐 주민들에겐 낯선 이방인들에 불과했습니다. 오늘날로 치면 '외국인 유학생'이 었던 셈이죠. 청년들은 도시의 관습법에 의해 보호를 받을 수 없었습니다. 결국 유학생들은 스스로를 지키기 위해 조직을 창설합니다. 바로 출신 지역을 중심으로 모인 나치오(natio) 입니다. 그리고 나치오들이 연합해서 각 나치오의 대표자들 이 운영하는 연합 조직을 발족시킵니다. 우니베르시타스 (universitas)[12]예요. 다양한 출신지에서 온 학생들(나치오들) 이 공통의 이익을 위해 결성한 조합 공동체라는 뜻입니다. 오 늘날 우리가 대학으로 번역하는 university의 기원이 바로 이 우니베르시타스입니다.

우니베르시타스 결성 이전까지만 하더라도 학생들은 저명 한 교사에게 가르침을 청하고 수업료를 지불하는 계약을 개 별적으로 맺었습니다. 그러나 우니베르시타스가 생기면서부 터 단체로 돈을 걷어 교사를 고용하는 체계가 만들어집니다. 이때 학생 조합인 우니베르시타스가 있었다면, 다른 한편에 는 교수 조합인 콜레기움(collegium)이 있었습니다. 학생들 이 조합을 만들어 고용인으로서 강력한 권한을 행세하자 교 수들도 자기 권리를 지키기 위한 조합을 만든 것이죠. 우니베 르시타스에 맞선 콜레기움의 강력한 권한이 바로 학위 수여

권이었습니다. 이때부터 우리가 아는 석사(magister, 마기스테르), 박사(doctor, 독토르) 같은 학위가 등장합니다. 교수는 전문성을 인증할 권한을 갖고, 학생들은 자기가 필요로 하는 분야의 저명한 인사를 교수로 채용할 권한을 갖게 되었습니다. 이른바 자유로운 시민들의 지식 습득을 위한 조합 공동체로서 대학의 출발입니다.

이러한 대학의 첫 시기를 요시미 순야는 '도시의 대학'이라고 부릅니다. 대학은 자유로운 이동과 교류가 가능했던 도시의 자유민들로부터 시작한 조합이었기 때문입니다. 따라서 이 시기에 대학생이란 전문적인 지식(법학, 의학, 신학, 철학 등)을 갖추기 위해 스스로 조합을 만들어 교수를 고용하는 능동적인 시민 주체들이었습니다.

대학의 첫 번째 죽음 : 종속된 대학

대학의 죽음은 대학이 누리던 자유가 사라지면서 발생했습니다. 대학은 도시로부터 발흥한 자유로운 조합으로 시작했습니다. 따라서 대학의 자유도 도시의 자유 위에서 가능했습니다. 그러나 종교 권력과 세속 권력 사이의 균형이 깨지고 두 권력이 각각 대학을 길들이기 시작하면서 대학은 역동성을 잃습니다.

먼저 종교 권력이 대학을 길들입니다. 중세 시기 지식을 독점했던 성직자들의 조직(수도원, 수도회 등)과 결합하면서 대학은 전문성과 (성직자로의) 출셋길을 보장받았습니다. 그러나 그 대가로 대학은 학문적 역동성을 잃고, 기독교 정통 교리를 옹호하는 지적 투사를 길러내는 단체로 거듭납니다. 실제로 아리스토텔레스 혁명 이래로 이성을 강조하는 철학적 풍토가 확산되자 성경에 대해서도 다양한 해석이 이루어졌습니다. 일부 해석들은 나름 영향력을 갖춘 해석 공동체로까지 발전했죠. 그러자 수도회와 교황은 전통 교리 교육을 통해 각종 이단적인 해석들을 비판하는 성직자를 양성하고자 합니다. 그리고 그 수단으로 대학과 수도회의 결탁을 선택합니다.

그러다가 신성로마제국 황제의 권한이 약해지고 제후들의 권력이 강해지자 이번엔 대학이 영방국가(신성로마제국의 황제는 교황과 경쟁하다 권력 기반이 약해지자 국가를 다스리는 권한들 중 대부분을 제후들에게 넘깁니다. 이로 인해 제후들이 다스리는 영지가 사실상 준독립국처럼 활동하게 되었는데 이를 영방국가라고 합니다)의 영향력 안에 놓이게 됩니다. 황제를 압박해 자치권을 얻어낸 제후들은 자기 영역 통치를 위해 유능한 관료가 필요했습니다. 그래서 영방국가 안에 대학을 설치하고 관료를 배출하기 시작합니다. 이전까지 대학이 자유로운 시민들의 조합 공동체였다면, 이제는 교회 권력의 정당화를 돕는 이데올

로그 내지 세속 권력의 통치를 돕는 관료 배출 창구로 변모한 것입니다. 권력이 요청하는 유용성을 제공함으로써 대학생들에게 출셋길을 보장했지만, 그 대가로 대학은 지성의 자유를 지불해야 했습니다.

대학의 자유로운 이동도 불가능해졌습니다. 이전까지는 기독교적 보편주의 아래서 유럽 전체가 경계가 모호한 형태로 섞여 있었지만, 종교전쟁이 벌어지고 영방국가들이 확고한 자기 영역을 갖게 되면서 국경이 생겼기 때문입니다. 대학의 자유로운 이동은 곧 도시와의 협상력과도 직결되는 문제였습니다. 도시가 대학에게 우호적이지 않다거나 새로운 곳에서 더 풍부한 지적 자원들을 얻을 수 있다는 판단이 들면, 대학은 언제든 짐을 싸 들고 다른 도시로 이동했습니다. 당시의 대학(우니베르시타스)은 조합이지 특정한 물질적 기반(예컨대 건물, 부지 등)을 갖는 '기관'이 아니었습니다. 만약 도시가 세계적인 석학들과 그에게 교육을 받으러 온 학생들이 떠나는 게 아쉽다면 그들을 붙잡아두기 위해 노력해야 했죠. 그러나 달라진 유럽 정세는 이를 불가능하게 만들었고, 대학은 이제 을의 자리로 내려와 권력에 의탁할 수밖에 없었습니다.

대학이 이렇게 고유한 역동성을 잃고 주춤거리는 사이 출판 네트워크와 아카데미가 유럽의 지식을 확장했습니다. 자유롭게 원본을 복제할 수 있는 출판 네트워크가 지식의 역동성과 확장성을 떠맡았습니다. 근대 학문(특히 자연과학과 공학)의 발달과 함께 최첨단 지식을 가르쳤던 아카데미가 지식의 전문성을 담당했고요. 자유를 잃은 대학은 전문성·유용성을 갖춘 아카데미와 확장성·개방성을 지닌 출판 네트워크 사이에서 어떤 역할도 수행하지 못한 채 말라 죽어갔습니다.

대학의 두 번째 탄생 : 국민의 대학

죽어가던 대학은 국민주의(민족주의, nationalism)와 결합하면서 부활합니다. 순야는 이를 '훔볼트 혁명'이라고 표현합니다. 훔볼트는 프로이센의 교육 정책가인 빌헬름 폰 훔볼트(Wilhelm von Humboldt)를 가르킵니다. 훔볼트는 국민국가(nation-state)와 밀접하게 결합한 대학 모델을 제시함으로써 오늘날 대학의 원형을 만든 독일(프로이센)의 관료입니다.

훔볼트가 활동한 18세기 말은 프랑스대혁명의 시대였습니다. 1789년 프랑스대혁명은 주변국의 기득권층에게는 자신들도 개혁을 거치지 않으면 언제든 아래로부터의 혁명에 의해 교체될 수 있다는 충격을 주었습니다. 주변국의 피억압 민중에게는 자유와 평등이라는 이상을 심어주었고요. 또한 프랑스대혁명에 뒤이은 나폴레옹 전쟁은 지방에 흩어져 있던 사람들을 국민의 이름 아래 조직했을 때 그 힘이 얼마나 강력한지를 전 유럽에 과시한 대사건이었습니다. 특히 프랑스와 인접한 프로이센은 프랑스의 국력을 나폴레옹 전쟁에서의 패전을 통해 뼈저리게 느꼈죠.

패전 뒤 프로이센은 전면적인 개혁을 준비합니다. 이때 훔볼트는 프로이센의 문화교육국장으로 일하면서 교육 정책에 자신의 교육 이념을 투영합니다. 훔볼트의 교육 이념은 계몽주의 사상가로 잘 알려진 임마누엘 칸트(Immanuel Kant)의 대학 이념에 대한 비판적 계승이었습니다. 칸트는 대학을 세 상급학부(신학부, 법학부, 의학부)와 하나의 하급학부(철학부)가 통일체를 이루는 것이라고 보았는데요. 이때 세 상급학부는 외부의 요청에 따른 타율적 지성(유용한 지식)이고, 하급학부는 외부로부터 독립한 자율적 지성(자유로운 이성)입니다. 칸트는 타율적 지성과 자율적 지성, 이 두 가지가 서로 긴장하고 논쟁하면서 발전할 때 대학이 참된 지성의 공간이 된다고 보았습니다. 물론 칸트는 본인이 철학자이자 사상가이기도 한 만큼 하급학부에 우위를 두기는 했지만요.[13]

그런데 칸트의 대학론에는 문제가 하나 있었습니다. 칸트는 이성(성숙함, 능동성, 질서)에 도달하는 것을 자연(미숙함, 수동성, 혼돈)과 단절하는 것으로 보았는데, 이로 인해 순환논증이 발생한 것이죠. 칸트는 이성적인 국가가 지성의 참된 발전을 위해 대학의 자율성(이성적 비판의 자유)을 보장하고 지원해야 한다고 봅니다. 이성적 국가가 '인간을 교육해서 참된 이성적 자유로 이끄는 것'(계몽)이죠. 그런데 이성적 국가는 이성적 인간(계몽된 인간)에 의해서만 세워질 수 있습니다. 여기서 닭과 달걀의 문제가 생겨버립니다. 이성적 인간이 있어야 이성적 국가가 만들어지는데, 이성적인 국가가 계몽을 해야 이성적 인간을 만들 수 있으니까요. 훔볼트와 그에게 영향을 미친 독일 관념론자들은 이러한 긴장을 교양(bildung)이라는 개념으로 해결하면서 대학의 이념을 세웠습니다.

교양, 교육, 육성, 도야 등으로 번역하는 독일어 bildung은 '형성한다'라는 뜻입니다. 여기에는 자연에서 이성으로의 운동은 단절적이라기보다 점진적이라는 뜻이 들어 있습니다. 당시 교양의 핵심으로서 문학과 예술을 강조한 까닭도 미적(감각적)인 교육 과정이 이성과 자연의 중간 단계를 거쳐 성장할 수 있도록 돕는다는 생각 때문이었습니다. 다시 말해 과학과 이성이 체계화되고 질서 잡힌 것이라면, 자연은 무질서한 혼돈입니다. 문학과 예술은 그 중간 어디쯤에 있고요. 우리의 최종 목표는 이성적 인간이 되는 것이고 문학과 예술은 그 징검다리가 될 수 있다는 말입니다.

또한 교양은 이전 사회와 완전히 단절함으로써 자유를 얻고자 한 혁명 모델을 우회하는 전략이기도 했습니다. 빌 레딩스(Bill Readings)의 표현을 빌리면, 프로이센의 "대학은 혁명

없이, 파괴 없이 이성을 산출하기 위해 존재"[14]했습니다. 요약하면, 프랑스에서는 사회를 합리적으로 바꾸기 위해 완전히 갈아엎는 일(혁명)이 벌어졌고, 독일에서는 이를 보고 충격을 받은 관료들이 사회를 점진적으로 합리화하기 위해 대학을 세운(교양) 것입니다.

교양은 '국민적 정체성'을 형성하는 과정이기도 했습니다. 훔볼트는 교양을 인류 보편의 능력인 "정신(Geist)의 살아 있는 힘"[15]을 고양하는 과정으로 이해합니다. 이때 교양은 서로 다른 능력을 지닌 개인들이 서로 다른 상황에서 인격이 지닌 고유성과 완전성을 발견하고 잠재력을 최대한으로 발휘하는 과정입니다. 훔볼트에 따르면 이러한 과정은 사람마다 방식이 다를지언정, 누구나 지니고 있는 인간적 존엄의 실현이기도 합니다. 이처럼 교양은 서로 다른 인간의 고유한 자기완성과 그들을 아우르는 보편적 인류의 목적 실현을 연결하는 개념입니다.

그런데 '보편적 인류'의 자리에 '국민'이라는 정체성을 놓으면 어떻게 될까요? 교양은 국민 양성을 위한 개념으로 변모할 겁니다. 차이 있는 개인들이 스스로의 능력을 계발하는 가운데 국민이라는 보다 일반적인 차원의 인간 공동체로 묶일 수 있는 실마리가 될 테니까요. 실제로도 교양은 독일을 비롯한 여러 나라에서 민족문학과 결합함으로써 국민적 정체성을 구축하는 중요한 축이 됩니다.[16] 보편적 이성이 교양의 틀 안에서 국민국가의 이성 개념으로 변화한 것입니다.

이와 같은 과정을 거쳐 교양은 근대 대학에서 두 가지 축의 결합으로 이어졌습니다. 하나는 사회나 자연을 '연구'하는 것이었고, 다른 하나는 '교육'을 통해 인격을 도야하는 것이었습니다. 연구는 자연(우연성)에서 이성(필연성)으로의 이행이라는 관점에서, 교육은 자율적인 국민으로의 성장이라는 관점에서 나왔습니다. 이제 교양을 수행하는 대학은 연구와 교육이 함께 이뤄지는 공간이 되어야 했습니다. 그 결과 연구기관이 대학 안으로 들어옵니다. 기존까지 교육이나 연구만을 담당하는 기관들이 각각 존재했는데, 이제 둘을 결합한 새로운 모델이 탄생한 것이죠. 또한 대학은 이성적 국가와 국민을 만들어내는 데에 보완적 역할을 수행하므로 국가로부터 지원을 받으면서도 어느 정도의 자율성을 승인받는 집단이 됩니다. 훔볼트가 쓴 다음 글에서 이런 관점이 잘 드러납니다.

"국가는 대학을 일반 고등학교나 특수학교처럼 다뤄서는 안 되며, 학술원을 기술적이거나 학술적인 교섭 위원단으로 이용해서는 안 된다. 전반적으로 국가는 대학에게 국가와 직접적으로 관련되는 어떠한 것도 요청해서는 안 되며, 대학과 학술원이 자신들의 목적을 달성하면 이들이 국가가 가동할 수 있는 것보다 더 많은 것들을 종합해내고 전혀 다른 힘들과 영향력들을 가동할 수 있는 훨씬 더 높은 관점에서 충족시킬 것이라는 내적인 확신을 품어야 한다."[17]

이처럼 연구와 교육의 결합, 국민국가의 지원과 자율성 보장, 유용한 전문 지식의 발전과 자유로운 이성의 함양 등이 특징인 훔볼트의 대학 모델은 베를린훔볼트대학(Humboldt-Universitat zu Berlin)의 설립으로 결실을 맺습니다. 그리고 훔볼트대학은 이후 근대화를 지향하는 모든 정치 공동체들의 모범이 됩니다. 훔볼트대학의 모델은 영미권을 거치면서 오늘날 우리가 아는 대학원 제도와 결합한 근대적 대학 모델로 거듭났습니다. 또한 일본은 이렇게 완성된 근대적 대학 모델을 이식하면서 '대학(大學)'이라는 번역어를 처음으로 탄생시킵니다. 고대 유교 사회에서 관료를 배출하던 당나라의 대학료(大學寮)에서 따왔죠. 천황을 보좌하는 유능한 관료들을 양성하고자 고등교육 기관을 설치했던 당대 일본 지식인들의 입장을 보여주는 번역어입니다.

이것이 우리가 아는 대학의 원형입니다. 한국의 고등교육법 제28조 '대학의 목적'을 봐도 교양으로서의 대학 모델이 지향하는 가치가 잘 드러납니다. '인격을 도야하고, 국가와 인류 사회의 발전에 필요한 학술의 심오한 이론과 그 응용 방법을 교수·연구하며, 국가와 인류 사회에 공헌함.' 인격의 도야, 국가와 인류 사회의 발전, 교육과 연구의 결합, 우리가 지금까지 살펴본 홈볼트대학의 이념과 다르지 않습니다.

이처럼 오늘날 대학의 기본 모델은 홈볼트 혁명과 함께 탄생한 '국민의 대학'입니다. 그렇다면 이 시기의 대학생은 어떤 존재일까요? 대학생은 스스로를 끊임없이 계발함으로써 자율적인 이성을 향해 나아가면서, 동시에 국가와 사회가 필요로 하는 유용한 지식을 배우고 생산하는 국민 주체로 정리할 수 있습니다. 이는 칸트의 (최종적으로는 자율적 지성이 우위를 점하는) '타율적 지성과 자율적 지성의 결합'이라는 사변적인 문제를 교양과 국민국가를 통해 구체적인 현실에 정착시킨 것이죠. 따라서 대학생이 된다는 것은 무엇이 바람직한 삶, 정의로운 사회인지 비판적으로 사유하는 방법을 배움으로써 스스로를 자율적인 정치적 주체로 키우는 것입니다. 동시에 국가가 스스로의 이성에 따라 (예컨대 국가 산업 진흥이나 국위 선양을 위해) 특정한 국민으로 육성(훈육)하고자 하는 정치적 활동의 객체가 되는 것입니다.

살아남기와 살아가기

앞의 이야기를 통해서 저는 오늘날 대학생이라는 지위가 갖는 이중성에 대해 말하고 싶었습니다. '한편으로는 스스로가 정한 가치 있는 삶을 만들어가는 존엄한 주체이지만, 다른 한편으로는 국가가 정한 가치에 맞게 육성되는 정치적 객체!' 왜냐하면 이러한 이중성은 '산다는 것'의 의미와도 맞닿아 있기 때문입니다.

'살다'라는 말엔 크게 두 가지 뜻이 있습니다. 좁게는 '생명을 지니고 있다'이고, 넓게는 '생활을 영위한다'입니다. 이들을 각각 '살아남기(survival)'와 '살아가기(life)'로 명명할 수 있습니다. 살아남기(생존)를 뜻하는 영단어 survival은 라틴어 supervivere에서 왔습니다. 여기서 super-는 '-보다 더'를, vivere는 '사는 것'을 뜻합니다. 그러니까 supervivere는 '보다 더 오래 산다'라는 뜻입니다. 살아남기는 얼마나 오래 생명 활동을 지속할 수 있는가의 문제입니다. 한편 살아가기는 사는 방식(style)의 문제입니다. 어떻게 사는가의 문제죠. 생활방식(lifestyle)이란 말은 있어도 생존 방식(survivalstyle)이라는 말은 없습니다. 생존은 방식을 가릴 수 있는 문제가 아니지만, 생활은 나름의 양식을 만들어가는 문제입니다.

살아남기가 가장 시급한 문제가 될 때 우리는 사회구조를 성찰할 틈이 없습니다. 일단 주어진 환경을 받아들이고, 그 아래서 무엇을 해야 하는지 배우고 실천할 뿐입니다. 텔레비전 프로그램 〈정글의 법칙〉을 떠올려보세요. 〈정글의 법칙〉

출연자들은 왜 정글이 이렇게 고통스러운지 푸념은 할지언정 진지하게 묻지 않습니다. 자신이 처한 환경인 정글을 당연하게 받아들인 뒤 프로그램의 요구에 맞춰서 살아남을 궁리를 할 뿐입니다. 거기에는 자신만의 생활방식이 아니라, 정글의 법칙대로 살아남는 '최적의 방법'만이 존재합니다.

반면 살아가기가 문제일 때에는 내가 어디에 서 있고 어디로 가려고 하는지, 세상과는 어떤 관계를 맺어야 하는지를 포괄적으로 고민할 수밖에 없습니다. 그러려면 지금 자기가 처한 환경과 행위에 대해 끊임없이 물어야 합니다. 지금 나를 둘러싼 이 환경은 어떤 성격을 갖고 있으며 어떻게 변화·운동하고 있는지, 이러한 환경에서 무엇이 바람직한 삶인지를 말입니다. 이를 위해서는 주어진 현실로부터 살짝 떨어져서 현실을 응시할 필요가 있습니다.

살아남기가 주어진 현실에서 오래 살아남는 데 가장 유리한 정답 찾기라면, 살아가기는 어떤 삶의 양식을 만들지에 대한 고민입니다. 여기서 저는 칸트가 이야기했던 상급학부와 하급학부 이야기를 연결하고 싶습니다. 상급학부는 국가라는 외부가 요청하는 전문적 기술과 유용한 능력을 기르는 데에 최적화돼 있습니다. 이는 살아남기와 연결되죠. 사회가 평가하는 유용성을 주어진 것으로 받아들이고 그에 맞춰 자신을 바꿔야 합니다. 반면 하급학부는 상급학부가 생산하는 전문적 지식의 본질이 진리와 합치하는지를 비판적 이성으로 검증하려 합니다. 이는 살아가기와 연결됩니다. 사회가 요구하는 능력이 정말로 합리적인지를 따져보고 삶을 꾸려나가는 이정표로 삼을 수 있습니다.

무엇보다 칸트가 말하는 대학이 이처럼 상반돼 보이는 두 학부의 통일체라는 점이 중요합니다. 우리의 삶도 밖으로부터의 요청에 순응하며 살아남기 위해 노력하는 측면과, 그 요청이 합리적인지를 따지는 측면의 결합으로 이해할 수 있습니다. 칸트가 하급학부의 중요성을 역설했듯이, 언제나 살아남기에 대한 살아가기의 우위를 만들기 위한 부단한 노력이 중요하고요. 우리가 존엄한 인간으로 태어난 이상, 그저 살아남고자 존재하는 것은 아닐 테니까요.

원하는 방향으로 세계를 바꿀 수는 없는가

칸트는 하급학부가 우위를 점하는 순간이 오리라 낙관했습니다. 하지만 프랑스 철학자 자크 데리다(Jacques Derrida)는 〈지렛대 : 학부들의 논쟁〉[18]에서 칸트의 낙관을 비판합니다. 하급학부의 자율성은 외부의 승인과 지원 없이는 자유로울 수 없는 의존적 자율성이라는 것이죠. 데리다는 칸트가 말하는 하급학부의 비판적 이성은 사실확인문(constative)의 수준을 넘어서지 못한다고 말합니다. 상급학부의 전문적 지식들이 이성적 원리들에 합치하는지 학술적으로 확인해줄 뿐이라는 거예요. 그러나 비판적 이성이 달성해야 할 과제는 수행문 (performative), 즉 상급학부의 전제를 이루는 국가이성의 요청·명령·선언 자체를 질문에 부치는 것 아닐까요? 국가는 우리 힘으로는 바꿀 수 없는 자신만의 논리에 따라 움직이는 하나의 거대한 정글처럼 나타날 때가 있습니다. 그때 정글의 법칙(국가이성) 자체가 옳은지, 나아가 내용 자체를 바꿀 수는 없는지를 실천적으로 물어야 합니다. 그런데 칸트는 이러한 실천적 비판에 대해서는 충분히 말하지 않습니다. 실제로 칸트는 프로이센 왕실이 문제시하자 자기 책은 대중들이 이해할 수 없다며 물러서는 모습을 보입니다. 대학이라는 상아탑 안에서만 지식의 자율성, 비판적 합리성을 찾겠다는 태도죠.[19]

국가가 최종적으로 자율적 지성의 범위를 결정할 권리를 갖고 있는 상태에서는 상급학부와 하급학부의 전도가 결코 일어날 수 없습니다. 상급학부가 하급학부를, 국가가 대학을 내리누르는 구도가 유지될 뿐입니다. 데리다는 이에 맞서 '조건 없는 대학(l'universite sans condition)'을 제시합니다. 모든 공적인 문제를 조건 없이 다룰 수 있는 것이 인문학이며, 그 인문학의 공간이 대학이어야 한다는 것입니다.[20] 대학의 내부/외부라는 이분법을 넘어서 삶을 둘러싼 각종 실천의 문제까지도 다룰 수 있어야 한다는 주장입니다.

삶 역시도 이렇게 이해할 수 있습니다. 삶의 두 측면은 결코 수평적으로 대등하게 묶여 있지 않습니다. 수직적으로 그리고 비대칭적으로 뒤섞여 있습니다. 앞에서 말한 supervivere 기억하죠? 그런데 접두사 super-에는 '-보다 더' 말고 '-위에'라는 뜻도 있습니다. 살아남기(supervivere)가 살아가기(vivere) 위에 있다고도 생각할 수 있습니다. 살아남기 위해 해야 할 일들이 자율적인 삶의 영역을 짓누르는 짐이 된다고나 할까요? 살아가려면 일단 살아남아야 하므로 외부의 요청에 선제적으로 대응해야 합니다. 상급학부가 하급학부를 내리누르는 것과 같은 구도죠.

그러나 우리는 이렇게 질문할 수 있습니다. "생존의 무게를 줄이고 보다 더 자유로운 삶의 방향으로 세상을 바꿀 수는 없을까?" 이렇게 질문할 때 비로소 '자기 안의' 이성으로 판단하는 관조(theoria)에만 머무르지 않고, '자기 밖의' 세상을 바꾸는 실천(praxis)으로 나아갈 수 있습니다. 예컨대 대학이 대학생의 등에 얹은 생존의 무게들을 살펴봅시다. 학점 경쟁, 비싼 등록금……. 취업해서 먹고 살려다보니까 대학 졸업장이 필요하긴 한데, 졸업장 하나 받는 데 왜 이렇게 고단한지 의문이 듭니다. 그때 '대학이 원래 그렇지 뭐'라고 수

긍할 것이 아니라, '이런 대학을 어떻게 바꿀까?'를 생각하는 것입니다. 대학도 끊임없이 변화해온 역사의 산물이잖아요.

우리는 살아가는 방식을 스스로 결정할 역량을 갖고 있습니다. 다만 아무런 제약도 없는 진공 상태에서가 아니라, 특정한 조건으로부터 제약을 받는 상태에서요. 이처럼 나를 규정하는 것과 내가 규정할 수 있는 것 사이의 거리를 직시할 때 비로소 자유롭게 살아갈 수 있는 가능성이 열립니다.

대학생으로 산다는 것

대학생으로 산다는 것은 대학과 삶의 문제가 교차하는 지점에서만 대답할 수 있습니다. 타율성과 자율성, 도구적 이성과 비판적 이성, 국가·사회가 우리에게 요구하는 것과 우리가 국가·사회에 요구하는 것, 살아남기와 살아가기, 관조와 실천, 학문과 정치 등 서로 긴장하는 가운데 결합하는 것이 대학과 삶의 문제입니다. 그래서 대학과 삶을 연결시켜서 '대학생으로 산다는 것'을 한 마디로 정의내리기란 쉬운 일이 아닙니다. 그럼에도 불구하고 정리를 해보죠.

'가장 높은 수준의 교육을 통해 스스로 지식을 생산하는 방법을 배우는 시민으로서, 사회가 요청하는 다양한 전문 지식과 기술을 익히고 생산적인 일에 나서야 하는 국민으로서, 세상이 내게 원하는 것과 내가 세상에 원하는 것 사이에서 끊임없이 고민하고 실천하는 인격으로서 존재하는 것.'

이것이 대학생으로 산다는 것의 의미입니다.

88학번인 출판 선배에게서
들은 얘기다. 선배가 대학생일 때,
〈우리들의 천국〉이라는 드라마를
선배네 학교에서 촬영했다고 한다.

선배와 친구들은 배우들을 보며 말했다.

7장

나에 대해
깊이 이해하기

　　　　　　　　제 생각을 바꿔놓았던 한 가지 경험담으로
이번 장을 시작할까 합니다. 저는 수원에 있는 한 일반계 고
등학교에 다녔습니다. 저는 당시에 (그리고 지금도 그렇지만)
배운 내용을 손으로 직접 정리하길 좋아했어요. 최대한 보기
편하게, 한 장에 압축해서 정리한 뒤 꺼내 보곤 했습니다. 아
마 그때부터 글씨를 쓰고 그림과 지도를 그리는 등 잘 정리
된 일종의 인포그래픽을 만드는 과정에 희열을 느꼈던 것 같
습니다. 한번은 그렇게 정리한 자료들을 보다가 이런 생각이
들었습니다. '왜 이걸 나 혼자 봐야 하지? 친구들이랑 나누면
좋지 않을까?' 그래서 자료를 복사해서 필요로 하는 친구들
에게 아무 대가 없이 줬습니다.

　그래서 어떻게 됐냐고요? 선생님에게 칭찬 받았냐고요?
아뇨, 거꾸로 선생님한테 혼났습니다. 네가 정리한 자료를 보

고 누군가는 별다른 노력을 들이지 않고 좋은 성적을 거둘 수도 있을 텐데, 그게 열심히 공부한 친구들에게 얼마나 실망감을 줄지 생각해봤느냐고요. 그 선생님이 못된 분이었냐고요? 아뇨, 정말 좋은 선생님이었습니다. 학생들에 대한 애정도 결코 가짜가 아니었을 겁니다. 문제는 그 선생님의 인격이 아니라, 제가 한 행동과 학교라는 구조 사이의 긴장에 있었습니다. 저는 학교를 스스로 공부한 것을 친구들과 나누며 성장하는 곳이라고 생각했습니다. 하지만 한국에서 고등학교는 성적에 따라 좋은 대학(과 연결된 사회적 계층)을 경쟁적으로 배분하는 역할에 더 초점을 두었던 것 같습니다. 그러므로 저의 행동은 경쟁 구조에 대한 도발로 여겨진 거죠. 선생님들의 인격과 별개로, 선생님들을 어떤 역할을 수행하거나 특정한 입장에 서게끔 만드는 힘이 있다는 걸 그때 처음 깨달았습니다.

이 해프닝 뒤로 저는 '고등학생'이라는 신분이 단순히 나쁜 만 아니라, 내가 친구, 선생님, 사회와 관계 맺는 방식을 규정하고 있다는 생각을 했습니다. 아니, 어떻게 보면 그 관계 방식 자체가 고등학생의 진짜 의미였던 것 같습니다. 고등학생이기 때문에 더 좋은 대학을 두고 친구들과 경쟁 관계를 맺어야 했고, 아무리 선의였더라도 자료를 함부로 공유해서는 안 되는 것이었습니다. 그리고 선생님들은 교육자이기도 하지만, 고등학교의 기능을 유지하고 작동하는 사람들이기도 했습니다.

나라는 사람의 본질, 나라는 사람을 구성하는 핵심 요소들이 온전히 나에게 관련된 것이 아니라 다른 사람들과 관련될 수밖에 없다는 것. 이게 운 좋게도 제가 고등학교를 졸업하기 전에 배운 중요한 교훈이었습니다. 그래서 저는 대학 공부가 나를 규정하는 사회적 관계들을 이해하고, 나와 사회를 함께 변화시키는 방법을 배우는 것이라고 생각했습니다. 대학에서 좀 더 깊이 공부하고 실천하면 인간이 인간을 도울 수 있는 사회구조가 무엇일지 알게 될 것 같았습니다. 생각지도 않았던 '고등학생 나'에 대해서 질문이 던져진 순간, 나와 세계에 대해 더 깊게 이해하고 새로운 목표로 나아가는 계기가 열린 것입니다.

자유로운 지식

대학의 표어들을 살펴본 적이 있나요? 저는 대학에 들어가기 전에 몇몇 대학의 표어들을 살펴봤습니다. 뭔가 그 대학의 정신을 집약한 문구가 멋지게 느껴졌거든요. 대학은 학문을 탐구하는 곳이다 보니 표어에 진리(veritas)라는 단어가 자주 등장합니다. 또한 역사적으로 기독교적 배경을 가진 곳이 많아서 진리를 빛(lux/lumen)에 비유하는 표현들도 어렵지 않게 찾을 수 있습니다. 기독교의 창세기에 따르면, 태초에 신께서 "빛이 있으라"라고 말씀(logos)하시자 무로부터 빛이 생겨났고 세상이 창조됐어요. 빛의 이미지는 기독교적 진리관뿐 아니라 근대 계몽(Enlightenment)의 진리관과도 연결됩니다. '계몽'은 독일어로는 Aufklärung, 영어로는 Enlightment, 프랑스어로는 Lumières입니다. 모두 '빛, 비추다'와 관련이 있습니다. Aufklärung에는 klären라는 동사가 지닌 밝음(맑음), Enlightment에는 light라는 빛의 이미지가 결합되어 있습니다. Lumières에는 lumière 자체가 빛 내지 앎이라는 뜻이고요. 다만 계몽의 진리관이 기독교적 진리관과 다른 점은 초월적인 신이 계시의 빛을 비추는 것이 아니라, 인간 이성의 빛으로 세상을 밝힌다는 것이죠. 어느 쪽이든 대학에서 가르치고자 하는 지식은 어둠 속에서 세상을 밝히는 빛인 셈입니다.

그렇다면 지식의 빛을 통해 얻고자 하는 것은 무엇일까요? 역시 대학 표어에 자주 등장하는 말로 대답할 수 있습니다. 바로 자유(libertas)입니다. 자유란 타인의 의지에 예속되지 않고 자기 의지에 따라서 행동하는 상태를 말합니다. 여기서 지식과 자유가 맺고 있는 관계를 엿볼 수 있습니다. 웹툰 〈여자 제갈량〉에서 나온 대사를 인용하겠습니다. "세계가 어떤 모습인지 자기 자신이 무엇인지 알기 위해서 배우는 거야! 그래야 세계를 어떻게 바꿀지, 자기 자신이 어떻게 살아갈지 결정할 수 있으니까!" 세계가 어떤지, 내가 무엇이고 내 의지가 어떤지를 알아야 자유롭게 살 수 있다는 말입니다. 그래서 우리는 지식의 빛을 통해서 보다 더 자유로운 삶을 얻고자 노력하는 것입니다.

이렇게 보면 대학생의 덕목 중 하나는 내 자유와 지식이 결합하는 지점을 설명하는 것입니다. 그냥 좋은 직업을 얻기 위해서 학과 공부를 한다고 가정해보죠. 그렇다면 그 지식은 자유로운 지식이라기보다 생존에 예속된 학예라고 해야 마땅합니다. 누군가는 그런 고민은 철학과에서나 하는 것 아니냐고 반문할지도 모르겠습니다. 물론 철학과에서 전문적으로 연구하는 것은 사실이지만, 철학과에서만 필요한 고민은 아닙니다. 모든 형태의 지식은 앎과 세계의 관계를 늘 묻고 확인해야 합니다.

예를 들어볼게요. 인간에게는 옛날부터 하늘을 자유롭게 날고 싶은 꿈이 있었습니다. 고대 신화에 등장하는 이카루스가 이런 욕망을 잘 표현하고 있죠. 아마 여러분도 가끔씩 하늘을 날아서 원하는 곳으로 가는 상상을 해봤을 겁니다. 특히 통학 시간이 긴 학생들은 매일 아침마다 이 생각이 간절하겠죠. 저도 자취하기 전까지는 그랬습니다. 그러나 강한 의지만으로는 날 수 없습니다. 의지만으로 제약을 벗어나 자유를 얻을 수는 없습니다.

날기 위해서는 먼저 세계가 우리를 날지 못하게 제약하는 방식을 이해해야 합니다. 인간은 팔을 휘젓는 것만으로는 중력보다 큰 양력을 받지 못하기 때문에 날 수 없습니다. 이런 한계를 만드는 원리를 밝히는 것이 바로 과학입니다. 그리고 이 원리를 적용해서 한계를 극복하는 방법을 찾는 것이 기술입니다. 예컨대 유체는 흐르는 속도에 따라 압력 차이가 발생하고, 그 압력 방향에 따라 물체를 띄우는 힘이 발생할 수도 있음(베르누이의 원리)을 알아냅니다. 그리고 양력을 잘 받는 날개 모양과 날개를 충분히 가속시킬 수 있는 동력원을 결합하는 기술을 이용해서 비행기를 만듭니다. 그 결과 '날기'는 꿈이 아니라 현실이 됩니다.

그럼 이제 인간이 날 수 있게 된 걸까요? 추상적인 '인류'의 수준이라면 그럴 수 있습니다. 한 사람이라도 비행기를 타고 날아다닐 수 있다면 인류는 날 수 있게 되었다고 뭉뚱그려서 이야기할 수 있습니다. 그러나 인류라는 틀을 구체적으로 들여다보면 어떨까요? 한 번도 비행기를 타본 적이 없는 사람들이 많다는 사실을 발견할 수 있습니다. 여전히 지구상의 대다수(특히 빈곤한 사람들)에게 하늘을 난다는 것은 남의 이야기입니다. 이처럼 세계가 우리를 날지 못하게 제약하는 방식을 이해하는 데에는 자연 세계만이 아니라 사회 세계도 필요합니다. 즉, 특정한 사회구조가 비행기라는 과학기술의 혜택을 어떻게 분배하는지도 문제가 되는 것이죠. 가난하고 힘없는 이들에게도 하늘을 날 수 있는 실질적인 역량을 부여해야 합니다. 다시 말해 탑승 비용을 낮추거나 그 비용을 사회적인 약속(법, 제도 등)으로 보장해야 비로소 인간 모두가 하늘을 날 수 있게 되었다고 말할 수 있습니다. 이처럼 지식을 통해 꿈속 이야기를 현실 이야기로, 일부(남들)의 이야기를 모두(우리)의 이야기로 바꾸는 과정이 바로 자유를 상상하는 하나의 방식입니다.

지식은 끊임없이 다양한 각도에서 질문을 던지고 그 답을 찾게 만듭니다. 실제로 지식 혹은 학문을 뜻하는 라틴어 scientia의 어원은 인도게르만공통조어[21]인 *skey-에서 왔습니다. *skey-의 뜻은 '나누다, 분별하다'입니다. 그러니까 복잡다단한 현실을 우리가 이해할 수 있을 정도의 추상화한 대상으로 나누고, 그 대상의 참과 거짓을 분별하도록 하는 것이 지식입니다. 우리가 자유를 달성하기 위해 자연적·사회적인 힘이 복합적으로 작용하는 현실을 다양한 각도에서 나눠 본 것처럼 말이에요. 그렇다면 대학이 추구하는 진리의 빛은 인간의 자유를 엄밀하게 상상하고 실질적으로 구현하는 것, 즉 해방(liberation)에 그 목적이 있다고 할 수 있습니다.

그러나 여기엔 한계가 있습니다. 무엇이 해방에 기여할 것인가에 대한 결정을 대학은 자율적으로 내리지 못합니다. 실제로 무엇이 자유이고 해방인지를 결정하고 승인할 권력은 국가와 자본에게 있습니다. 그래서 대학 안에서는 의식적으로 성찰하지 않으면 자기 해방은커녕 유용성에 대한 예속을 자유라 착각할 수 있습니다. 실제로 우리는 이런 사례를 이미 살핀 적이 있습니다. 1장 인간관계 기억하나요? 아싸가 되고 싶지 않아서 억지로 술을 마시는 얘기요. 그 사례를 대학 바깥, 즉 전체 사회로 확장한 것이나 마찬가지입니다. 사회에서 아싸가 되지 않기 위해 스펙을 쌓고, 공부를 하고, 빡빡한 일상으로 자신을 밀어 넣는 겁니다. 이렇게 자기 억압에 익숙해진 사람들은 억압을 버티지 못하고 쓰러진 사람들을 보면서 손가락질하고요. "야, 나도 이렇게 버티는데 넌 왜 못 버티냐?", "나는 이렇게 고생해서 명문대 왔는데 너는 왜 그 정도밖에 못하냐?"라며 냉소를 흘립니다. 어디에도 인간다운 존중과 평등에 기반을 둔 자유는 없습니다. 내가 예속을 더 잘 감내한 대가로 얻은 조그만 특권을 자랑하는 비참한 문화만 남을 뿐입니다. 이렇게 해방적 상상력이 사라진 사회에서는 적응해 살아남는 사람들과 적응하지 못해 죽어가는 사람들 사이의 바닥을 향한 경쟁과 원한만 커집니다. 아이러니하게도 해방적 상상력을 가장 고취해야 할 대학이 학벌과 불평등의 재생산 통로가 되면서 해방적 상상력을 가장 억압하는 공간이 되어가고 있습니다.

성찰

세계가 가하는 제약들은 우리를 한정 짓기도 하지만, 동시에 가능하게도 합니다. 생물학적 기제들이 대표적이죠. 유전적으로 물려받은 '어떤' 특질, 생물학적인 '어떤' 발생 과정이 있어야 '나'의 특정한 육체가 가능합니다. 그리고 그 육체 기관의 특수한 화학적·물리적 특징들이 세계를 감각할 수 있도록 합니다. 여기까지는 이해가 어렵지 않죠? 어려운 것은 '사회적 조건이 우리를 가능하게 한다'라는 말입니다.

개인이 특정한 사회적 조건의 산물이라는 점을 살펴볼까요? 개인을 뜻하는 individual은 부정을 뜻하는 in-과 나눌 수 있음을 뜻하는 dividual의 합성어입니다. 즉 더 이상 나눌 수 없는 가장 작은 구성단위라는 뜻인데요. 근대에는 이러한 개인을 사회의 최소 단위로 봤습니다. 근대 국가의 이론적 원리가 되었던 사회계약론을 생각해봅시다. 사회계약론에서 계약을 맺는 당사자들은 개인입니다. 개인은 이성을 지닌 존재이기 때문에 합리적인 계약이 무엇인지 잘 알고 있습니다. 개인은 합리적인 계약을 통해 안정과 질서를 유지할 권력을 창출합니다. 따라서 국가가 보장하는 권리의 주체도 개인이 기본 단위가 됩니다.

그러나 과거에는 개인이 사회의 최소 단위가 아니었습니다. 가족이었죠. 따라서 가족을 대표하는 남성 가부장만이 자유민이 되고 여성이나 아이는 부속품이 되었습니다. 성씨(姓氏) 제도가 대표적입니다. 성씨는 한 사람이 가족 제도라는 맥락으로 이해된다는 점을 잘 보여줍니다. 그런데 이때의 가족을 오늘날의 핵가족과 혼동하면 곤란합니다. 이때의 가족은 친족, 혈족을 포함하는 비교적 큰 규모의 집단입니다. 오늘날 경제(economy)라는 말의 어원이 된 오이코노미아(oikonomia)는 가족을 뜻하는 oikos와 법을 뜻하는 nomia의 합성어인데요. '가족의 생계를 꾸려나가는 방법'이라는 뜻을 지니고 있습니다. 가족은 자급자족하는 경제적 단위로서 타인에게 예속되지 않고 생계를 꾸립니다. 그러므로 가족은 직접 생산 활동에 종사하는 노예, 이들을 소유하고 통제하는 남성 가구주, 가족 구성원을 재생산하는 여성으로 구성된 비교적 대규모 집단일 수밖에 없었습니다. 동양도 마찬가지였습니다. 《삼국지》 같은 동양 고전을 떠올리면 이해하기 쉽습니다. 성씨를 가진 귀족 가문은 직접 군대를 일으킬 수 있을 정도의 큰 경제 단위입니다. 그러므로 중앙 권력이 약화되고 내란이 격화되면 자신의 성씨를 깃발에 새겨 넣고 군대를 일으키는 겁니다.

　아무튼 오늘날에도 가족 제도가 미치는 영향은 지대합니다. 어린 시절부터 내 취향(입맛, 취미 등), 사고방식, 젠더 등 생활 전반에 영향을 미칩니다. 내 욕망조차도 가족 제도 안에서 만들어지는 경우가 많습니다. 1장의 남톡방 이야기를 떠올려보세요. 남성으로서 여성을 지배하길 바라는 욕망도 사회적으로 구성되는 것입니다. 물론 사회적으로 구성된다는 말이 개인의 책임을 면제해주지는 않습니다. 그들은 폭력과 차별의 사회구조를 재생산하고 강화하는 데 기여했다는 점에서 책임이 있습니다.

　가족이 없더라도 마찬가지입니다. 인간이 인간으로서 존재하기 위해서는 다양한 요소들이 필요합니다. 가족 외에도 국가, 학교, 법, 언어 들이 필요합니다. 특히 언어는 개인이 홀로 존재할 수 없음을 증명하는 가장 대표적인 기제입니다. 만약 당신이 사회로부터 떨어져 홀로 존재한다면 이 글을 있을 수 없을 겁니다. 한국어는 한국어를 사용하는 다른 사람들 없이는 존재하지 않을 테고, 고립되어 있다면 한국어를 익힐 수도 없을 테니까요.

　여러분이 개인적으로 가지고 있다고 생각하는 특징(개성)도 사회적인 술어를 통해 표현되지 않으면 안 됩니다. '키가 크다, 달리기가 빠르다, 시력이 좋다, 논리적이다' 등은 특정한 사회적 맥락을 전제하지 않고서는 쓸 수 없는 말입니다. 키가 큰지 작은지는 사회적인 평균 신장이 어느 정도인지를 전제하지 않고서는 말할 수 없습니다. 이처럼 (동물들과 공유하는 수준을 넘어선) 인간적인 특징은 사회제도 없이는 불가능합니다. 그렇다면 개인 역시 사회제도가 있기에 가능한 존재라고 할 수 있습니다.

이처럼 사회제도는 개인을 제약하기만 하는 것이 아니라, 특정한 경향에 맞춰 살아가도록 사회화합니다. 개인은 이런 사회제도 속에서 자기 의지에 따라 사회구조를 재생산하거나 변형합니다. 이때의 개인은 이 글을 쓰고 있는 저뿐만이 아니라, 여러분을 비롯한 누구나가 될 수 있습니다. 즉 사회구조를 재생산하고 변형하는 것은 나를 비롯한 많은 사람들의 행위입니다. 그러므로 내 자유 또한 다른 사람들과 함께할 때 성취 가능합니다. 이 지점에서 자유와 평등, 혹은 자유와 정의(justitia)가 만납니다. 타인의 자유를 희생시키면서 특권적 소수가 얻는 자유는 불안정할 수밖에 없습니다. 특권적 소수가 다수를 납득시킬 수 없을 때 사람들은 그 구조를 변형시키려고 달려들거든요. 자유는 보편적 다수의 권리로 제시될 때 비로소 바람직한 것으로 인정됩니다.

이상은 사실 제가 대학에 입학하면서 고민했던 내용을 정리한 것입니다. 제가 다니는 대학의 표어가 자유, 정의, 진리거든요. 그런데 저는 좀 속이 꼬였는지, 좋은 말 세 개 늘어놓는다고 그럴싸한 표어나 정신이 된다고 생각하지 않았습니다. 그 말들이 어떤 관계를 맺는지, 그게 내 삶에 어떻게 반영되어야 하는지를 생각했습니다. 그래서 잘 생각하니 다음과 같은 연결고리가 떠오르더라고요. 진리는 나와 세계를 구성하는 수많은 관계들을 밝힘으로써 내가 어떻게 살아갈지, 세계를 어떻게 바꿀지를 알게 합니다. 진리가 자유의 가능성을 보여주는 셈이죠. 하지만 이 자유는 저절로 달성되지 않습니다. 특히 자유가 소수의 특권적 자유로서 제시되어서는 바람직하지 않습니다. 사람들이 믿는 정의에 입각해 보편적 다수가 함께 누릴 수 있는 자유일 때 비로소 많은 사람들의 힘으로 현실화될 수 있습니다. 자유는 정의를 통해 실현됩니다.

1장과 2장 다시 읽기

나를 가능하게 하면서 제약하는 세계, 나를 살아남게 하면서 살아가도록 만드는 세계. 나와 세계가 맞닿은 지점들을 포착하기 위해 지식의 빛이 필요합니다. 그래야 나를 이루는 요소들 가운데 무엇이 사회적 혹은 자연적으로 구성된 것인지를 파악할 수 있습니다. 나는 동물로서의 호모 사피엔스를 규정하고 있는 자연적인 힘들의 결과이자, 인간으로서의 정체성을 규정하고 있는 사회적인 힘들의 결과입니다. 동시에 내 의지로 자연에 힘을 가하는 원인이자, 사람들의 힘을 모아 사회를 변동시키는 원인입니다. 두 측면을 모두 보여주는 것이 지식이며, 두 측면을 모두 고민하는 가운데 살아갈 바를 결정하는 존재가 대학생입니다.

사실 저는 1장과 2장에서도 이 얘기를 조금씩 하려고 했습니다. 여러분이 얼마나 느꼈는지 모르겠지만요. 어떤 관계 속에서 내 고유성을 만들어왔는지, 그 고유성을 지키고 싶은지 바꾸고 싶은지 생각하라고 했던 말 기억하나요? 자기를 돌아보라는 말을 에둘러서 한 것입니다. 또 놀이에 대해서 고민하라고 한 것도 마찬가지입니다. 놀이가 자유와 연결된다면서, 사회적 유용성을 따지지 않고도 대상으로부터 즐거움을 얻을 수 있는 게 뭔지 고민하라고 말했습니다. 1장과 2장은 어떻게 보면 대학생이 자주하는 고민을 다루긴 했지만, 대학생으로서 그 문제에 접근하는 법을 직접적으로 이야기한 것은 아니었습니다. 암시만 했을 뿐입니다. 6장을 통해서 1장과 2장을 다시 읽어보길 권합니다. 대학에 와서 배우는 지식은 그저 유용하기 때문이 아니라, 나를 자유롭게 만들기 때문에 소중합니다. 그 지식에 비추어 스스로를 한번쯤 돌아보기 바랍니다.

감히 알고자 하라(Sapere Aude)!

대학 괴담

*트리오, 퐁퐁 : 주방 세제 이름
트리오는 1966년에, 퐁퐁은 1972년에
출시되어 주방 세제계를 주름잡았다.

8장

자유롭게
살기

　　　사람마다 자유를 얻기 위한 실천 영역과 방식은 다를 수 있습니다. 자신과 세계를 관통하는 사회적 관계는 수도 없이 많습니다. 그 관계들에 모두 신경 쓰기는 어렵습니다. 결국에는 나를 사로잡는 특정한 영역에 집중하기 마련이죠. 저는 이것을 '현장을 찾는 일'이라고 생각합니다. 나와 세계를 잇는 수많은 연결고리 가운데 양보할 수 없는 영역, 그러나 내 것만은 아니고 언제나 타인에게 열려 있는 영역, 이것이 제가 말하는 현장입니다. 현장이 있을 때에라야 인간은 현실의 장벽에 꺾이지 않는 고유한 삶을 만들 수 있습니다. 물론 현장은 새로운 마주침에 열려 있으므로 언제든 변합니다. 그러나 변할 수는 있어도 사라지게 내버려둬서는 안 됩니다. 현장 없음은 내가 서 있어야 할 자리 만들기를 포기한다는 것이고, 언제든 대체 가능한(replaceable) 사람이 된다는 뜻이니까요.

어릴 적 제 꿈은 언론인이었습니다. 글쓰기를 좋아했기 때문에 글쓰기를 직업으로 삼으면 좋겠다고 생각했거든요. 그런데 프리랜서 작가는 자신이 없었습니다. 베스트셀러 작가가 될 만큼 유려하고 감동적인 문장을 구사하기는 힘들어 보였습니다. 문체가 딱딱한 데다 시사적인 논설문을 즐겨 썼기 때문이죠. 그래서 세태를 기록하고 논평하는 언론인이 가장 적성에 맞는 길이라고 생각했습니다. 그런데 대학에 들어와서 일련의 사건을 겪고 현장을 구체화하면서 진로를 수정했습니다. 이번 장에서는 그 이야기를 해보려고 합니다.

이윤의 논리에 앞서는 인간의 존엄

저는 2013년 말, 수시에 합격했습니다. 그래서 입학까지 시간 여유가 좀 있었죠. 그때 대학에 대해 이것저것 수소문하고 다녔습니다. 2013년 말 대학가에는 '안녕들하십니까'라는 제목을 단 대자보 열풍이 불었습니다. 사회적으로 차별과 불평등이 확산되는 시대에 자신은 안녕하지 못하다며 함께 사회문제에 관심을 갖고 실천하자는 내용의 대자보였습니다. 이것이 많은 대학생들의 공감을 불러일으키면서 각계각층으로 퍼져나갔죠.

실제로 2012년에는 반값 등록금 운동처럼 대학생들의 힘겨운 현실을 정치적 운동으로 바꾸려는 열망이 폭발했습니다. 그러자 당시 박근혜 대통령 후보는 국가 장학금 수혜 범위를 늘려 반값 등록금을 달성하겠다고 공약했습니다. 하지만 수혜 범위를 늘린다한들 그 혜택은 차등적으로 분배될 수밖에 없었습니다. 가계 소득 산정에도 문제가 많아 정책의 사각지대에 놓이는 대학생들도 많았고요. 그래서 진짜 반값 등록금을 실현하라며 비판하는 대학생들의 목소리가 거셌습니다. 그러나 박근혜 후보가 대통령에 당선된 뒤 반값 등록금 공약은 휴지 조각이 됐습니다. 2010년대에 들어서면서 가장 활발했던 대학생들의 이슈가 이렇게 간단히 좌절되면서 불만이 쌓였습니다. 그게 2013년 말에 '안녕들하십니까' 대자보로 분출한 겁니다.

대학이라는 공간을 처음 접하는 제게 '안녕들하십니까'는 하나의 충격이었습니다. 대학에 가면 저렇게 사회적인 문제에 대해 목소리도 내고 옳은 게 뭔지 토론도 하는구나, 자기 이름을 걸고 대자보를 쓰고 공론을 불러일으키는 것이 대학생의 정치 문화구나……. 고등학생 시절엔 그게 그렇게 멋져 보일 수가 없었습니다. 고등학교의 학생 자치는 아무리 잘해도 학생 복지를 조금 늘리는 것에 불과했거든요. 그래서 '안녕들하십니까'를 주도적으로 이끌었던 선배들을 쫓아다니면서 이것저것 물었습니다.

2014년 새내기 시절은 제게 영원히 돌이킬 수 없는 전환점이 되었습니다. 한 사건과 우연히 마주쳤기 때문입니다. 바로 세월호입니다. 선배와 밥을 먹다가 식당에 걸려 있는 텔레비전 뉴스를 통해 세월호 사건을 처음 만났습니다. 큰 배가 천천히 가라앉는데 구조는 전혀 이뤄지지 않는 안타까운 상황이었습니다. 그러다 뉴스에서 전원 구출 자막이 나오기에 안심하고 수업을 들으러 갔죠. 그런데 나중에 보니까 탈출하지 못한 대부분의 사람들이 배와 함께 물속으로 가라앉았습니다. 너무 충격이었습니다.

이어지는 상황들도 마찬가지였습니다. 국민들을 보호해야 할 의무가 있는 국가가 자기 잘못이 아니라며 책임을 부인하는 모습만 보였거든요. 유가족들이 대통령을 만나고 싶다며 팽목항에서 서울까지 걸어갈 때 사복경찰들을 붙여서 감시하지 않나, 유가족들을 보상이나 바라는 속물 취급하지 않나……. 저는 크게 분노했습니다. 제 상식으로는 납득할 수 없는 이 문제들을 해결하기 위해서 공부했습니다. 거창한 목적이 있었다기보다 그냥 그렇게 하지 않고서는 버틸 수 없었습니다. 도저히 이해가 안 되는 급선회, 왜 제대로 된 안전 수칙이 없었는지, 왜 선장과 선원들은 구조에 미온적이었는지, 왜 구조가 되지 않았는지 따위를 조사하고 분석했습니다. 결론은 이윤을 위해서라면 기꺼이 낡은 배를 사들여 무리하게 개조하고 복원력을 잃을 만큼의 짐을 싣는 사회구조, 사사로운 이익 추구를 위해서라면 생명이 걸린 구조조차 특정 구조업체(언딘)에게 몰아주는 비리 시스템, 제대로 된 재난 컨트롤타워조차 없는 안일한 행정 구조 등이 복합적으로 작용한 사건이라는 것이었습니다.

저는 제가 내린 결론에 맞게 실천하기로 했습니다. 유가족들이 말한 '안전 사회' 만들기에 뜻을 같이하기로 한 거죠. 세월호 진상 규명을 통한 재발 방지, 수사권과 기소권을 갖춘 조사위원회 설립 등을 요구하기 위해 학교에서 뜻이 맞는 사람들을 찾았습니다. 이들과 각종 활동을 벌였죠. 간단하게는 학우들이 자주 오가는 대학교 후문에서 선전전을 했습니다. 가판을 차리고 세월호 문제를 알리는 발언을 릴레이로 이어 갔습니다. 그리고 세월호 특별법 제정을 촉구하는 서명운동 참여를 독려했습니다. 서명하는 학생들에게 세월호 리본을 건넸습니다. 가판 운영자들에게 음료를 선물하던 학우들이 떠오르네요.

학교 안에서만 활동한 건 아닙니다. 국가권력을 규탄하는 집회에도 자주 참여했습니다. 세월호 사건 발생 직후만 하더라도 정부에서는 이 문제를 매우 민감하게 여겼습니다. 그래서 집회에 대한 탄압 수위가 높았습니다. 2014년 5월

18일에 '가만히 있으라' 추모 집회가 열렸습니다. 세월호 선장이 위기 상황에서 승객들에게 지시한 말이었던 "가만히 있으라"에서 따온 추모 행진이었습니다. 광주를 다녀오느라 뒤늦게 집회에 참여한 저는 선배들, 친구들과 광화문 광장까지 행진하려고 했습니다. 그런데 경찰이 사실상 허가되지 않은 경로라면서 행진을 가로막았습니다. 행진에 참여한 시민들이 뿔뿔이 흩어졌다가 광화문 광장에 다시 모였습니다. 그러자 경찰은 이들을 고립시키고 강제로 연행했습니다. 저도 그 자리에 있다가 경찰에게 붙들려 유치장 신세를 졌습니다.

그 뒤로도 저는 전체학생대표자회의(각 과/반, 단과대학 학생회를 비롯한 다양한 단위의 학생 대표들이 모두 모여서 진행하는 회의)에서 세월호 관련 결의문을 채택하자고 발언하거나, 세월호 유가족 간담회를 개최하는 데 힘을 보태는 등 학내 세월호 관련 활동에 참여했습니다.

새내기 시절 저는 다양한 장소에서 또 다른 세월호들을 보았습니다. 이윤을 위해 삶과 안전이 희생되는 현장들과 마주쳤죠. 대학의 재정 효율이라는 이름으로 간접 고용돼 해고 위협을 안고 살아가는 대학의 노동자들(청소 노동자, 경비 노동자, 주차 노동자), 노동조합을 결성하려 했다는 이유로 탄압받은 삼성서비스센터 노동자들, 부양의무제와 장애등급제로 복지 사각지대에 내몰린 장애인들이 제가 만난 또 다른 세월호였습니다. 2014년 한 해 동안 저는 이 사회가 사람을 비용으로 취급하고, 이윤과 효율을 위해 언제든지 노동자들을 지워버릴 수 있다는 것을 깨달았습니다. 또한 이것에 저항하는 이들을 권력은 폭력으로 탄압한다는 사실도 알게 되었습니다. 그래서 이런 탄압에 맞서 인간의 존엄을 지키는 게 필요하다는 생각을 했습니다. 이게 대학생으로서 제가 현장을 만들어가는 첫 계기였습니다.

지워진 자들의 존엄을 지키는 삶

두 번째 계기는 존재조차 지워진 빈민들에 대한 문제의식이었습니다. 제가 오랫동안 연대하고 있는 청계천 이주 상인 문제가 대표적입니다. 청계천은 복원 이후 종로의 열섬현상을 해결하고, 시민들이 휴식을 취하는 도심 속 녹지로 재탄생했습니다. 그러나 청계천 복원은 청계상가의 상인들에게는 재앙이나 마찬가지였습니다.

먼저, 상가를 방문하는 손님들의 주차장이었던 청계고가도로 밑 공간이 사라지면서 손님들의 발길이 줄었습니다. 뿐만 아니라 청계천 주변 땅값이 뛰어오르면서 카페, 음식점 등으로 개발하려는 움직임이 일어났습니다. 이전부터 값싼 잡화나 철물을 팔던 상가가 외곽으로 밀려나기 시작한 것입니다.

더 큰 문제는 청계천 복원으로 인해서 상가를 잃고 이주해야 하는 상인들이었습니다. 이명박 당시 서울시장은 상인들에게 이주 대책 마련을 공언했지만 말뿐이었습니다. 처음에 상인들은 서울시가 시행하는 공공사업이니 그 말을 굳게 믿었습니다. 그러나 서울시가 마련한 이주 대책 가운데 제대로 실시된 것은 거의 없었습니다. 그나마 남은 희망이 청계천 상인들을 위한 이주 상가로 마련된 가든파이브였습니다. 그런데 가든파이브는 이주 대책이라기엔 문제투성이였습니다. 당초 청계천 상인들에게 약속했던 특별 분양가 7,000만 원보다 훨씬 비싸게 분양가가 책정된 것입니다. 왜냐하면 청계상가의 특성을 무시한 채 대규모 복합 쇼핑센터로 지었기 때문입니다. 심지어 한창 개발이 진행되고 있던 서울 동남권 물류단지 한복판에 지었죠. 그러니 상인들은 주변에 제대로 된 주택가 하나 없는, 상권이 전혀 형성되지 않은 가든파이브에 당장 큰 경제적 부담을 안고 들어가야 하는 상황이 된 겁니다. 결국 가든파이브로 이주했던 상인들 다수는 오히려 피해를 입었습니다. 제대로 된 이주 대책 하나 없이 청계천 상인들을 깔끔하게 지우는 형태로 사업을 진행한 셈입니다. 남은 건 청계천이고 사라진 건 청계천 상인들이었습니다. 청계천 복원과 가든파이브 건설을 수주한 대형 건설사만이 돈을 벌었습니다.

저는 공부와 실천을 하면서 이런 문제가 비단 청계천 복원 사업에 국한되지 않는다는 사실을 알게 되었습니다. 재개발(특히 지방자치단체와 같은 공공 개발자가 주도하는 재개발)은 건설사들에게는 대형 사업을 수주할 수 있는 이윤 창출의 기회이고, 부동산 소유자들이나 투자자들에게는 부동산 시세 폭등을 통해 대박을 노릴 수 있는 기회입니다. 정치인들에게는 재개발 사업 공약을 통해 주민들의 표심을 끌어올 기회이고요. 이들의 '누이 좋고 매부 좋은' 거래에 죽어 나가는 것은 자기 자리를 지킬 힘조차 없는 서민들입니다. 노점상, 임대차 상인, 철거민 들이죠. 이들은 재개발로 치솟은 땅값과 공권력의 탄압을 견디지 못하고 다른 곳으로 내쫓깁니다. 깨끗한 도시를 만든다는 미명 아래 서민들의 삶을 깡그리 지우는 거죠. 한 번 철거나 이주가 이뤄지고 나면 철거민들은 하소연하기조차 쉽지 않습니다. 삶의 흔적이 깨끗이 사라졌는데 어떻게 사람들에게 억울함을 전달할 수 있겠어요.

저는 이런 문제들을 대학에 들어와 반빈곤연대활동(빈활)에 참가하면서 처음으로 알게 되었습니다. 'O활'은 주로 여름방학에 뜻이 맞는 대학생들이 모여서 특정 기간 동안 특정 사회 이슈와 관련한 당사자들과 집중적으로 연대하는 정치적 운동 내지 활동을 말합니다. 농활이 대표적이죠. 지금이야 그냥 농촌봉사활동으로 여기지만, 사실 농활은 농민학생연대활동의 줄임말이었습니다. 과거 군사정권 시절 농민들의 삶에 연대하고, 농촌의 현실을 느끼고, 농민들의 권리를 대변하기 위해 함께 활동한다는 정치적인 함의가 있었습니다. 비슷한 형태로 공활(공장 노동자들과의 연대), 의활(의료 활동을 통한 빈민들 혹은 노동자들과의 연대), 빈활(빈민들과의 연대) 등이 있습니다.

저는 빈활을 통해서 재개발이 공적인 것을 가장한 탐욕과 날것 그대로의 탐욕이 교차한다는 점, 생존조차 불가능하게 만드는 극한의 폭력이라는 점을 알게 되었습니다. 기업은 이윤을 추구하는 집단이므로 거리낌 없이 사적 논리로 개입합니다. 그러나 정치인과 건물주는 공적 논리를 갖고 재개발에 참여합니다. 주거 환경과 삶의 질 개선이 이들이 내세우는 명분입니다. 하지만 이들의 속내는 결국 표와 땅값 상승입니다. 엄연히 사적 탐욕이죠. 그러나 이것이 정치의 현장에서 드러날 때에는 시민들의 의견, 시민 대표자의 의견이라는 이름 아래 민주주의로 포장되어 힘을 발휘합니다. 그 사이 쫓겨나는 사람들은 물질적, 정신적으로 큰 타격을 입습니다. 사익의 논리에서는 돈과 힘을 가진 기업들에게 밀려나고, 공익의 논리에서는 기득권을 누리는 사람들에게 외면당합니다. 공과 사 모두에서 지워진 이들은 침묵을 강요받습니다.

특히 이 과정은 '합법'이라는 두 글자 때문에 제대로 된 문제 제기조차 어렵습니다. 저는 강제집행 과정에서 법원이 파견한 집행관이나 신고를 받고 온 경찰이 제대로 된 제지를 하지 않는 모습에 큰 충격을 받았습니다. 강제집행을 막기 위해 달려온 시민들과 학생들이 용역들에 의해 내팽개쳐지거나, 어떻게든 가게를 지키겠다고 온몸을 던지는 영세 상인들이 폭행을 당해도 법원은 나서지 않았습니다. '법에 의해 판결한 사항을 집행하는 와중'이니 개입할 수 없다면서요. 안타깝기는 하지만, 법을 어기면서까지 떼를 쓰는 행동은 잘못이라는 겁니다.

저는 이런 문제에 대항하기 위해서라도 법에 대해 더 잘 알아야겠다고 생각했습니다. 우선 법이라는 논리 안에서 내몰리고 있는 사람들을 지키기 위한 전문성을 갖출 필요가 있었습니다. 강제집행이 밀려오는 상황에서 소송이라도 해서 시간을 벌 필요가 있다는 생각이 들었습니다. 또한 법 자체에 정의가 있다기보다, 법을 바꿈으로써 더 많은 사람들의 자유를 보장하는 것에 정의가 있다고 생각했습니다. 법을 바꾸기 위해서라도 법이 어떻게 법을 낳고 어떻게 사회적으로 신뢰를 획득하는지에 대해서 배워야겠다고 생각했습니다. 그러자 자연스럽게 법학전문대학원으로 진로가 그려졌습니다.

여기까지가 지금껏 제가 대학에서 활동하면서 현장을 구체화한 경로입니다. 저는 현장이 필요로 하는 것과 달성할 수 있는 것의 격차를 좁혀가면서 제 진로를 구체화했습니다. 제가 가진 능력이라고 해야 글을 조금 읽고 쓸 줄 아는 것이니,

이것으로 세상을 좀 더 자유롭고 평등하게 바꾸는 데 기여할 수 있기를 바랐습니다. 그래서 처음에는 언론인으로, 이후에는 연구자로, 지금은 법조인(이자 법 연구자)으로 계속해서 진로를 수정했습니다.

현장을 찾아야 할 때

제가 '현장' 이야기를 구태여 길게 하는 까닭은 간단합니다. 대학생 시절이 현장에 대해 고민할 여력이 가장 많고, 현장에 대한 고민이 가장 필요한 때이기 때문입니다. 대학생이 되면 이전과 달리 다양한 사람들과 더 많이 만납니다. 활동의 폭도 넓어집니다. 제가 정치에 관심을 가진 계기도 대학가의 '안녕들하십니까' 대자보 열풍이었습니다. 고등학생이었다면 쉽지 않았겠죠. 빈곤 문제에 관심을 갖게 된 계기도 대학에 들어와서 빈활에 참여했기 때문이고요. 이처럼 대학에서의 경험들은 현장으로 삼을 만한 활동 영역을 열어제끼는 계기가 됩니다.

뿐만 아니라 대학은 우리를 사로잡는 계기들을 깊게 이해하고 끈질기게 탐구하는 데 도움이 되는 전문 지식들을 제공합니다. 미리 연구를 해온 연구자들(대학원생, 강사, 교수 등)로부터 현장을 찾으면서 생긴 고민에 대해 조언을 얻을 수 있습니다. 더불어 대학은 현장에 효과적으로 개입하기 위해 필요한 능력도 키워줍니다. 저처럼 정치적인 문제에 관심이 많아 그 영역을 현장으로 삼고자 한다면, 관련법에 대한 지식이 필요하죠. 그렇다면 법학전문대학원 교수들이 진행하는 교양 수업을 듣거나 법학전문대학원에 입학할 수 있습니다. 이처럼 대학은 경험의 너비뿐만 아니라 깊이까지 확장할 수 있는 자원을 갖추고 있습니다.

무엇보다 대학은 이런 경험과 자원을 공유하는 친구들을 찾기가 좋습니다. '현장에서 끈질기게 살아가기'는 혼자 힘으로는 달성하기 힘든 목표입니다. 뜻이 맞는 사람들과 힘을 합쳐야 현장에서 밀려나지 않고 오래 활동할 수 있습니다. 대학에는 사람들이 많이 모이기 때문에 함께 공부하고 실천할 사람들을 구하기 쉽습니다. 사회의 부조리를 이해하고 해결하기 위해 함께 공부하자는 말을 대학에서처럼 자연스럽게 할수 있는 곳도 드뭅니다.

그렇다면 대학생 시절이 왜 현장을 '찾아야 하는' 때라는 것일까요? 사실 앞서 했던 이야기들을 종합하면 분명합니다. 현장을 찾기 위해 노력하지 않으면, 대학이라는 공간의 특성상 대체 가능한 삶의 일부가 될 가능성이 높기 때문입니다. 이때 대체 가능한 삶의 내용을 채우는 것이 대학에 강한 영향력을 행사하는 국가와 자본의 논리입니다. 대학 생활을 통해서 국가와 법이 규율하는 현행 질서를 당연하게 여기는 국민 주체가 되고, 주변 세계를 상품의 형태로 소비하는 소비자 주체가 되기 쉽습니다. 그리고 이러한 주체화는 주류 질서에 녹아들게 함으로써 사회적으로 인정받는 삶을 살도록 돕습니다. 그러나 이 안정적인 삶은 무언가를 은폐하기도 합니다. 우선 법이나 상품의 질서가 만들어내는 불평등을 은폐합니다. 나아가 불평등이 삶을 억압하는 순간조차 자유를 옹호하지 못하고, 오히려 자유를 추구하는 타인을 끌어내리는 자기배반에 빠지게 합니다. 이처럼 대학은 현장을 찾는 데 도움을 주는 다양한 자원이 있는 공간이기도 하지만, 고유한 현장을 만들려는 노력을 가로막는 공간이기도 합니다. 따라서 의식적인 노력으로 현장을 찾아야 합니다.

윤태호 작가의 웹툰 〈미생〉과 이 웹툰을 기반으로 만든 동명의 드라마가 유행한 적이 있습니다. 미완의 삶을 바둑 용어인 미생에 빗대어서 이야기한 작품이죠. 저는 인생을 바둑에 비유한 부분이 참으로 절묘하다고 생각했습니다. 돌 하나는 그 자체만으로는 별다른 의미가 없습니다. 19개의 줄이 서로 교차하는 바둑판 위에 올라야 의미를 갖습니다. 또한 한 개의 바둑돌만으로는 큰 의미가 없습니다. 검은 돌과 흰 돌이 서로 이어지고 끊어내는 관계를 이루어야만 비로소 대마, 미생, 완생 따위의 의미들이 부여됩니다. 우리의 삶도 타인과의 관계

속에서, 복잡다단한 세계 속에서 그 의미가 결정된다는 점에서 바둑과 비슷합니다. 무엇보다도 나의 개입(착수), 나의 실천, 나의 행보(행마)를 통해서 삶의 의미와 세계의 구조가 조금씩 변화한다는 진리를 바둑은 잘 보여주고 있습니다.

내가 옳다고 생각하는 방향을 위해 부조리와 싸우고 실천하는 것, 현장을 찾아내고 지키고자 분투하는 것이 당장은 한 번의 포석처럼 미미하게 느껴질지도 모릅니다. 그러나 그 한 번의 포석이 큰 나비효과를 불러오기도 합니다. 다른 돌들(타인과의 연대, 나의 지속적인 실천 등)이 이어져 오늘의 실천을 뒷받침한다면 말입니다. 바둑으로 보면, 대학생으로 산다는 것은 자기 삶을 시작하기 위한 포석을 완성하는 과정입니다. 포석만으로 대국의 향방이 정해지지 않듯, 대학생 이후의 현장은 얼마든지 바뀔 수 있습니다. 하지만 치열하게 자기 길로 나아가지 않는다면 커다란 나비효과를 기대하기는 어려울 겁니다.

"앞으로 나아가다가 도저히 넘을 수 없는 벽이 나타난다면, 그 벽에 손톱자국이라도 내고 물러나와야 한다."

전설적인 프로바둑기사 조치훈 9단의 말입니다.

새내기의 실수

9장

대학이
현장이다

이제 이야기를 마무리하는 장에 왔습니다. 이번 장에서 제가 하고 싶은 말은 대학 자체가 '현장'이 될 수 있으며, 그것이 매우 중요하다는 점입니다. 대학이 왜 현장으로서 중요할까요? 대학은 해방적 상상력과 성찰을 가능하게 하는 지식의 전당으로서의 '가능성'을 품고 있기 때문입니다. 하지만 대학이 실제로 그 가능성을 제대로 펼쳐 보인 적은 거의 없습니다. 그보다는 주체와 지식을 (재)생산함으로써 주류 질서를 뒷받침하는 경우가 많았죠. 쉽게 이야기해서 국가와 자본이 필요로 하는 순수한 주체(국민, 소비자 등)로 훈육하고, 유용한 지식(산업 기술 등)을 만들어내는 데 기여하는 경우가 더 많았습니다.

대학의 정신?

6장에서 다뤘던 대학의 역사는 근대의 가장 어두운 역사(세계대전, 파시즘과 군국주의 등)를 통과하기 전까지만 이야기하고 있습니다. 대학이 근대의 어두운 역사에 어떻게 기여했는지에 대해서는 미처 말하지 못했습니다. 국가가 필요로 하는 민족정신을 만들어내고, 그를 바탕으로 예속과 지배를 정당화하던 시기의 대학에 대해서요.

6장의 내용을 기억하나요? 훔볼트가 말한 '정신의 살아 있는 힘'을 고양시키는 교양과 그 교양을 실천하는 공간으로서의 대학 말이에요. 혁명과 같은 전복적인 단절과 거리를 두고 점진적 개혁을 통해 근대 국가를 선도하는 역할이 대학에게 부여되었다고 말했습니다. 훔볼트는 정신을 인류 보편에게 해당하는 것처럼 썼지만, 훔볼트 이후에는 민족과 결합한다고도 했습니다. 이러한 연결에 문학이 동원되었고요. 독일 민족의 정신과 문학을 가장 강조했던 때는 다름 아닌 나치즘의 시대였습니다. 이 시기의 대학 역시 이러한 독일 민족의 정신을 옹호하기 위한 교육 기관으로 기능했습니다. 나치당을 열성적으로 지지한 집단 가운데 대학생이 있었다는 사실은 그리 놀랍지 않습니다.

이와 관련해서 현대철학에 강력한 영향력을 행사한 철학

자로서의 명성도 드높지만, 나치 부역자로서의 악명도 높은 하이데거(Martin Heidegger)의 1933년 프라이부르크대학 총장 취임 강연을 살펴보겠습니다.

"총장에 취임하는 것은 이 대학의 **정신적인** 지도에 대한 의무를 지는 것이다. 따르는 자들, 즉 교수와 학생은 자신의 존재와 힘을 오직 독일 대학의 본질에 진실하면서도 공동으로 뿌리내리는 것으로부터만 가질 수 있다. 그러나 이 본질이 명석함과 품격과 위력에 이르게 되는 것은 무엇보다 먼저, 그리고 모든 때에 지도자(Fuhrer)가, 그들 자신이 지도받는 자인 것, 즉 독일 민족의 명운을 민족의 역사에 새길 것을 강요하는 저 정신적 사명의 준엄함에 인도되는 경우뿐이다."[22]

여기서 정신은 독일 민족에게 연결돼 있습니다. 특히 하이데거의 인식은 독일이 느끼고 있던 지정학적 위기의식과도 관계가 있습니다. 바로 사회주의 국가를 건설한 러시아(소련)와 자본주의가 고도로 발달한 미국 사이에 낀 유럽은 고유성인 정신의 힘을 잃고 쇠락하고 있다는 세계관이었죠. 하이데거는 정신의 힘을 되찾기 위해 결단을 내리는 것이야말로 유럽을 대표해 독일 민족이 내려야 할 사명이라고 생각했습니다.

다른 한편으로 '정신적인 지도'라는 주제도 등장합니다. 이는 주체성을 어떻게 획득할 것인가의 문제와도 연결됩니다. 대학은 학생을 유용성의 논리에 입각해서 전문적 능력을 갖춘 기능인뿐만 아니라, 정치적 주체인 국민으로도 길러냅니다. 칸트와 훔볼트에게 사람들을 주체로 만드는 것은 그들에게 내재한 보편적 이성과 능력입니다. 하이데거는 이 능력을 이끌어내는 지도자의 역량을 강조합니다. 학생들과 교수들을 지도하며 독일 민족의 정신에 의해 인도되는 총장(Fuhrer)이 전면으로 부상하는 것이죠. 결국 자유롭고 주체적인 민족정신과 그것의 표상으로서 지도자를 보고 따름으로써 주체성이 구성된다는 논리입니다. 주체가 되는 과정이 곧 민족정신에의 예속인 것입니다. 이때 총장을 의미하는 Fuhrer는 지도자 정도의 의미를 지니고 있는데요. 한편으로는 히틀러를 가리키는 명칭이었던 '총통'으로 번역하기도 합니다.

하이데거는 쇠락하는 유럽의 정신문명을 되살리기 위해서 독일 민족이 결단해야 한다고 보았습니다. 대학을 정신문명을 살리는 최전선으로 이해했습니다. 그래서 나치에게 협력해 대학 총장 자리에 오르기도 합니다. 하이데거에게는 독일 시인들이 표현한 대로 '인간의 근원에 자리 잡고 있는 생기(=정신의 불길)'를 다시금 타오르게 하려는 의지가 있었습니다. 이 의지는 1차 세계대전 이후 독일 민족이 자긍심을 되찾고 자기들을 중심으로 유럽의 질서를 재편함으로써, 고대 아리아인의 찬란한 문명과 생기 넘치는 삶으로 귀환한다는 나치의 세계관과도 공명하는 지점이 있었습니다. 파시즘은 생기 넘치는 삶을 오염시키는 타자들을 제물로 삼아 순수했던 그 시절을 되찾고자 했습니다.

인간의 존엄을 보증하는 보편적 증거로서 자리매김했던 정신이 이제 한 특수한 민족을 통해 대변되는 순수한 기원의 생기로 바뀌었습니다. 또한 자율성과 타율성의 대화 속에서 스스로 주체가 되도록 이끄는 대학이 이제 민족정신의 순수성 속에서 주체성을 찾는 공간으로 바뀌었습니다. 대학의 정신이 이렇게 파시즘과 공명하는 상태에서 대학생으로 산다는 것은 무슨 의미가 있을까요? 진지하게 되묻지 않을 수 없습니다.

비슷한 사례가 또 하나 있습니다. 바로 일본입니다. university에 '대학'이라는 번역어를 채택한 데에는 나름의 배경이 있습니다. 바로 메이지유신이 복고시킨 천황 체제입니다. 메이지유신 전까지 일본은 막부 중심의 통치 체제를 유지했습니다. 그러나 쿠로후네 사건(미국의 페리 제독이 군함을 몰고 와 개항을 요구한 사건) 이후 막부의 정치적 입지가 약해지면서 막부 타도 운동이 거세게 일어납니다. 결국 쇼군이 메이지 덴

노에게 실질적인 통치권을 되돌리는 사건이 발생하는데, 이를 대정봉환(大政奉還, 타이세이호칸)이라고 합니다. 메이지유신은 통치 체제로 보면 왕정복고이기도 한 셈이죠. 천황 체제 초기에 대학은 유교적 관료들을 배출하는 기관이었습니다. 그래서 university를 근대화된 교양인 배출보다 전문 지식을 갖춘 관료 배출에 초점을 맞춰 번역했죠. 관료를 배출하던 유교의 최고 교육 기관에서 이름을 따온 것입니다.

일본 대학의 역사를 이해하는 핵심은 제국대학 체제를 비롯한 근대 일본의 교육 정책을 수립한 모리 아리노리(森有礼)의 사상입니다. 제국대학은 일본 제국대학령에 따라 설립한 국립대학들을 일컫습니다. 도쿄대학, 교토대학, 도호쿠대학, 규슈대학, 홋카이도대학, 오사카대학, 나고야대학과 조선의 경성제국대학(해체 후에 서울대학교로 재구성됨), 대만의 다이호쿠제국대학(현 국립대만대학)이죠. 흥미로운 것은 이들 제국대학이 '제국' 일본의 근대 국가 모델의 첨병 가운데 하나였다는 점입니다. 제국의회라는 명칭보다도 제국대학이라는 명칭이 먼저 수립되었으니까요. 그만큼 제국이라는 근대 국가를 만들기 위해서는 제국에 복종하는 신민(臣民) 주체성의 형성이 필요했고, 제국대학은 그러한 목표 아래 국가 지원에 힘입어 크게 성장합니다. 구 제국대학 소속이었던 대학들이 지금도 일본에서 최상위권인 것만 보더라도 국가 차원에서 대학을 얼마나 중요시했는지를 알 수 있습니다. 모리가 구상한 제국대학의 정신은 하이데거가 말하는 대학의 정신과 유사점이 있습니다. 바로 기독교적 초월자에 대한 일체감을 바탕으로 국가에 헌신하는 국민성을 창출하고자 했다는 점입니다. 이에 대한 순야의 설명을 인용하겠습니다.

"국민과 국가의 상호성을 동시에 가능하게 한 그 장치가 바로 소학교(초등학교)에서 대학까지의 교육제도였다. 게다가 그[모리]는 국가와 국민 사이의 이러한 상호관계의 원형을 그가 미국에서 체험한 종교 코뮌에서 찾았다. 코뮌에서 체득한 신=보편성을 향한 자기희생의 정신은 모리에게 있어서는 현세화된 국가=보편성이라는 층위로 전유되어, 신=천황의 카리스마에 의해 실현되는 정치 공동체인 국민국가를 향한 자기희생의 정신으로 치환되었다."[23]

국민이라는 주체성을 그 주체성이 관계 맺고 있는 사회적 구조(근대 국가)와 결부시켜 어떻게 구체화할 것인가? 이러한 질문을 두고 대학은 다소 전체주의적인 국민(민족, nation) 내지 신민의 정신을 만들어내고 정당화했던 겁니다. 고대의 생기 넘치는 삶을 대변하는 독일 민족의 정신 혹은 현세화한 신으로서의 제국(천황)을 향한 충절을 담은 황국신민의 정신을 말이죠. 이처럼 대학은 보편적 자유를 향한 움직임을 헌납하고, 적극적으로 국가와 민족에 충성하는 국민을 기르는 장치로 기능하곤 했습니다. 그때마다 대학의 정신과 이념은 국가의 입맛에 맞게 재편되었습니다. 그럴 수밖에 없는 현실적 조건도 있었습니다. 국가야말로 대학의 운영에 필요한 자원을 제공하고 자율성을 보장해줄 수 있는 몇 안 되는 존재였기 때문입니다. 그러니 대학은 스스로의 목줄을 쥐고 있는 국가로부터 쉽게 자유로울 수 없었습니다.

제가 독일과 일본의 사례를 강조한 데에는 이유가 있습니다. 한국의 근대화는 일본제국주의에 의한 식민지로의 편입과 해방 이후 미국 제도의 수입이라는 두 축으로 이루어졌습니다. 그래서 근대 대학을 비롯한 교육 제도의 설립도 일본(과 일본이 근대화의 참고서로 삼았던 국가 중 하나인 독일)의 영향을 크게 받을 수밖에 없었습니다. 독일과 일본의 교육 정신이 한국에도 어느 정도 이식되었죠. 무엇보다 일본의 근대화 모델을 중점적으로 참고했던 박정희 시절의 국민교육헌장에 이런 측면이 잘 나타나 있습니다.

우리는 민족중흥의 역사적 사명을 띠고 이 땅에 태어났다. 조상의 빛난 얼을 오늘에 되살려, 안으로 자주독립의 자세를 확립하고, 밖으로 인류 공영에 이바지할 때다. 이에, 우리의 나아갈

바를 밝혀 교육의 지표로 삼는다.

성실한 마음과 튼튼한 몸으로, 학문과 기술을 배우고 익히며, 타고난 저마다의 소질을 계발하고, 우리의 처지를 약진의 발판으로 삼아, 창조의 힘과 개척의 정신을 기른다. 공익과 질서를 앞세우며 능률과 실질을 숭상하고, 경애와 신의에 뿌리박은 상부상조의 전통을 이어받아, 명랑하고 따뜻한 협동 정신을 북돋운다. 우리의 창의와 협력을 바탕으로 나라가 발전하며, 나라의 융성이 나의 발전의 근본임을 깨달아, 자유와 권리에 따르는 책임과 의무를 다하며, 스스로 국가 건설에 참여하고 봉사하는 국민정신을 드높인다.

반공 민주 정신에 투철한 애국 애족이 우리의 삶의 길이며, 자유세계의 이상을 실현하는 기반이다. 길이 후손에 물려줄 영광된 통일 조국의 앞날을 내다보며, 신념과 긍지를 지닌 근면한 국민으로서, 민족의 슬기를 모아 줄기찬 노력으로, 새 역사를 창조하자.

성실한 마음과 튼튼한 몸, 학문과 기술, 저마다의 소질 계발 등은 교양(bildung)의 정신을 떠올리게 합니다. 동시에 '조상의 빛난 얼을 오늘에 되살려', '나라의 융성이 나의 발전의 근본', '국가 건설에 참여하고 봉사하는 국민정신', '반공 민주 정신에 투철한 애국 애족'에는 앞서 살펴본 대학의 정신들(독일 민족의 정신, 황국신민의 정신)의 기운이 도사리고 있습니다. 현존하는 국가 질서 내지 상상된 민족성을 당연한 것으로 전제하고서 그 국가에 대한 헌신을 요구합니다. 이러한 상황에서는 국가권력의 억압성을 대학생이 문제 삼으면 안 됩니다. 자기가 속한 정치 공동체를 문제시할 수 없다는 것은 해방적 상상력 역시 동원할 수 없다는 뜻입니다. 모든 지식은 삶과 자유를 밝히는 빛이 아니라, 국가가 요구하는 '능률과 실질'에 복무하는 도구일 뿐입니다.

이런 대학(과 국가)의 정신에 맞서서 수많은 저항이 있었습니다. 1960년대에는 유럽과 일본을 관통한 68운동이 있었습니다. 한국에서도 대학 자율화와 군부 독재 타도를 외치며 학생운동의 열기가 뜨겁게 타올랐죠. 저는 이것을 '(대학의) 민주화'라고 부르고 싶습니다. 민주주의란 정치 공동체의 구성원들이 직접 스스로를 통치하는 정치 원리를 말합니다. 그러므로 대학이 학생들과 교수들, 노동자들, 대학의 공공 운영과 관련한 지역 주민들, 지식 생산과 관련한 시민들에 의해서가 아니라, 일부 권력자(특히 외부의 국가권력)에 의해 휘둘린다면 민주주의 원칙에 위배되는 것입니다. 따라서 대학생들의 저항은 민주주의의 실현임과 동시에 구성원들의 자율적 삶을 보장하는 해방이었습니다.

오늘날의 한국 대학

오늘날 우리가 서 있는 지금 여기(hic et nunc)에서는 어떤 실천들이 필요할까요? 이에 답하기 위해서는 앞서 살핀 대학의 역사적 한계를 염두에 두면서도, 오늘날 대학이 변화한 측면들을 살필 필요가 있습니다.

1980년대 말 민주화 투쟁이 나름의 성과를 거둔 뒤 대학도 급변하기 시작합니다. 이를 가장 집약적으로 보여주는 것이 '5·31 교육 개혁'입니다. 1970년대에 중등교육이 일반화되면서 졸업생 수가 늘어납니다. 교육열이 높은 한국의 특성상 이는 곧 대학 진학에 대한 강렬한 열망으로 나타났죠. 1980년대 전두환 정권은 대학 정원을 갑자기 늘려 이러한 열망에 부응했습니다. 대학 환경은 바뀌지 않았는데, 정원만 확 늘어나니 교육의 질이 떨어졌습니다. 그러자 1990년대에 김영삼 정권이 교육 개혁을 실시합니다. 당시 교육부 장관이었던 안병영은 "문명사적 전환에 대응하기 위한 국가 전략의 차원"이었다고 당시 교육 개혁의 의의를 밝혔습니다.[24] 여기서 국가(교육부)가 설정한 '문명사적 전환'의 내용이 대학의 새로운 변화로 연결됩니다. 문명사적 변화로 지목된 내용은 크게 네 가지입니다. 민주화, 세계화, 정보화, 지식사회화.

우선 세계화, 정보화, 지식사회화는 자본의 변화에 조응하는 5·31 교육 개혁의 성격을 뚜렷하게 드러냅니다. 세계화는 1990년대 들어서 본격화한 한국의 시장 개방을 염두에 두고 있습니다. 또한 정보화, 지식사회화는 자본의 투자 대상으로서 정보기술(IT) 산업에 대한 내용을 담고 있습니다. 결국 사회적 수요에 맞춰 교육 개편을 한 것입니다. 자본의 수요를 적극 반영한 셈이죠.

홈볼트대학 모델 이후로 대학은 근대화를 향한 발전의 통로였습니다. 근대화란 서구 근대 국가의 모델을 따라잡는 것을 의미했으므로 자본주의의 발전과도 일맥상통합니다. 당연히 국가는 대학을 통제함으로써 자본의 성장에 이익이 될 수 있을 만한 결과를 창출하고자 합니다. 그래서 자본에 이익이 되는 지식을 중점적으로 생산하고자 합니다. 그렇게 보면 신산업 동력을 육성하기 위한 거점으로서 대학을 통제하는 것도 국가권력의 한 특징입니다. 자본의 수요를 받아들인 국가는 이제 수요에 맞는 요구 사항들을 모든 국민들이 적응해야 할 '시대사적 과제'로 설정합니다. 실제로 이때를 기점으로 '세계화의 기수'나 '글로벌 스탠더드' 같은 말이 유행하기 시작합니다. 국민들은 이제 자랑스러운 세계 속 선진 조국의 달성이라는 명분을 매개로 세계 시장의 질서에 따를 것을 요구받습니다. 이른바 세계 인재들과 경쟁하는 글로벌 리더론이 부상합니다.

교육 개혁과 함께 규제 개혁이 이루어진 점도 흥미롭습니다. 교육과 관련한 각종 규제 완화는 대학의 운영이 보다 기업화되는 중요한 계기가 되었기 때문입니다. 1995년 교육부는 장관의 심의·자문 기구로 교육규제완화위원회를 설치했습니다. 위원회의 슬로건은 그야말로 급진적이었습니다. 교육 규제의 전면 철폐. 이윽고 1996년 12월 31일을 기점으로 그 필요성이 입증되지 못한 모든 규제를 자동적으로 폐지하기로 합니다. 적극적인 규제 완화 조치는 사실 대학의 국가권력에의 종속을 완화하기 위한 것이라는 명분을 갖고 있었습니다. 그러나 한국의 대학은 국립대학이 중심이었던 다른 나라들과 달리 사립대학이 중심이었던 만큼 이사회를 중심으로 한 대학 자체의 위계적 권력 구조도 만만치 않았습니다. 단순히 국가권력에 의한 지배를 없앤다고 해서 대학 운영의 공공성이나 민주성이 강화될 리 없었습니다.

적극적인 규제 완화 조치는 사립대학을 중심으로 대학들이 보다 영리 중심의 운영을 하는 발판이 되었습니다. 예컨대 한국대학교육협의회가 2015년 교육 규제 개혁으로 신청한 내용들을 보면, 이러한 대학의 기업화 경향을 뚜렷하게 확인할 수 있습니다. 대학등록금 상한제 규제 완화, 등록금심의위원회 기능 조정, 확보율 초과 교육용 기본재산 용도변경 허용, 취득세·재산세 면세 적용 및 영세율 적용, 학교 교지에 대한 취득세 감면 등이 주요 내용입니다. 가장 노골적인 것은 '대학의 수익 사업 활성화 제반 마련'과 '기준 면적 초과 교사에 수익 사업 허용'입니다.[25] 한마디로 학교가 토지를 취득하는 데드는 각종 세금과 비용은 감면하고, 새롭게 취득한 토지는 수익 사업으로 자유롭게 이용할 수 있다는 내용입니다. 대학이 투자와 영리 추구를 우선시한다는 점에서 기업화라는 용어에 정확히 부합합니다. 문제는 이러한 노골적인 기업화의 비용이 학생들과 대학 노동자들에게 전가된다는 점입니다. 더불어 이러한 문제점들이 대학 운영의 자율성이라는 이름 아래 옹호된다는 것이죠.

결국 오늘날 한국 대학은 사립대학 이사회를 통해 잘 드러나는 대학 자체의 권력(대학권력), 대학을 선별적으로 지원함으로써 얼마든지 자신의 의도대로 통제할 수 있는 국가의 권력(국가권력), 국가를 통해 대학이 자신들의 수요에 맞는 지식 생산(연구)을 수행하도록 개입하는 자본의 권력(자본권력), 이 세 가지가 서로 착종된 상황입니다. 그리고 이들 권력으로부터 떨어져 있는 대학생들은 대학의 결정을 자기 조건으로 받아들인 채 살아갈 수밖에 없습니다. 이사회의 막강한 권한 앞에서 제대로 결정할 수 있는 것도 없고, 교육 정책 대부분을 총괄하는 총장도 직접 뽑지 못합니다. 하물며 대학 구조 조정을 총괄하는 국가권력이 나서면 당장 내 학과 통폐합도 막기 힘든 것이 현실입니다.

그럼에도 불구하고 대학이 현장이라면

구조는 우리를 가로막고 한계 짓는 장애물이기도 하지만, 우리로서 존재할 수 있게 하는 기반이기도 합니다. 마치 하나의 언어 구조를 배우면 세계를 표현하는 한 가지 방법에 길들여진다는 점에서 한계가 있지만, 그를 통해서 비로소 세계를 이해하고 표현하고 상상할 수 있게 되는 것처럼요. 즉, 구조를 통한 예속과 주체화는 서로 결합되어 있습니다. 문제는 그 구조가 정말 내가 바라는 구조인지, 내 자유를 증진시킬 수 있는 자유인지를 묻는 것입니다. 그런 의미에서 저는 지금의 대학이 자유를 증진시킬 수 있는 공간인지를 적극적으로 되물어야 한다고 생각합니다. 거기에 대학을 현장으로 바꾸는 질문의 힘이 있습니다.

현재 대학이 만들어내는 주체의 상이 정말 바람직한가요? 세계인과 경쟁하는 글로벌 리더, 말은 멋진데 결국 어디에서든 경쟁할 준비가 되어 있으라는 말입니다. 우리를 둘러싼 경쟁의 원칙들에 대해서 우리가 결정한 적도 없는데 일단 뛰어들어 경쟁부터 하라는 겁니다. 또 대학이 현재 담당하고 있는 지식 생산은 정말 모두의 자유를 증진하는 방향으로 운영되고 있나요? 그냥 일부 사람들의 이윤을 위한 밑바탕이 되고 있는 건 아닐까요? 누가 유용한 지식과 유용하지 않은 지식의 경계를 정합니까? 누가 어떤 지식을 생산하고 누가 그 지식의 혜택을 볼 것인가를 정합니까?

제 얘기로 마무리를 하겠습니다. 2016년 말의 일입니다. 당시 제가 다니는 대학은 갑작스럽게 학사 제도 변경안을 발표했습니다. 자유전공학부를 전면 폐지하고 기업들의 후원을 받아 미래융합대학을 설치하겠다는 내용이었습니다. 데이터 보안, 금융 인프라, 바이오 인포매틱스 등 기업들의 수요에 맞는 유용한 기술들에 대한 유연학제를 운영하는 대학이죠. 그러면서 미래융합대학에는 평균보다 더 높은 등록금을 책정하고, 기숙사에 우선 배정하며, 수업을 P/F제도(Pass or Fail, 패스를 받으면 일괄적으로 만점으로 처리되기 때문에 A+부터 D-까지 점수별 급간이 나누어져 있어 경쟁이 치열한 상대평가 과목들에 비해서 상대적으로 학점 취득이 쉽다는 장점이 있습니다)로만 운영하는 특혜를 주겠다고 했습니다. 뿐만 아니라 재수강을 보다 어렵게 하고 1교시를 앞당기는 등 학생들 입장에서는 충격적인 소식도 전해졌죠.

이는 학교가 더욱 적극적으로 자본권력의 요청에 부응하겠다는 신호로 읽혔습니다. 학문의 전당으로서 자기 해방을 위한 질문들을 고민하는 공간이라기보다, 자본이 요청하는 유용한 기술들을 가르치는 공간이 되겠다고 자임한 것이었습니다. 하물며 기업들의 후원을 받아서 운영하는 단과대학이라면 그 운영에 있어서 어떻게 기업의 입김이 불지 않겠어요. 사실상 기업의 교육을 아웃소싱 받는 셈이나 마찬가지였습니다. 재수강을 어렵게 하는 이유도 사회적 요구(를 가장한 자본의 요구)를 수용하는 것이었습니다. "학생들이 계속 재수강을 해서 학점 인플레이션이 심하니 제대로 된 인재를 뽑기가 힘들다. 좀 더 기업들이 쉽게 인재들을 판별할 수 있게 더 열심히 학생들을 경쟁하게 하라"라는 요청을 학교가 그대로 받아들인 것입니다. 이런 요청은 사실 비용을 누가 부담할 것이냐의 문제로도 접근할 수 있습니다. 기업이 뛰어난 인재를 정녕 필요로 한다면 그 인재를 판별하는 비용도 기업이 지출해야죠. 더 엄격하고 공정하며 실효성 있는 시험을 개발해야 한다는 겁니다. 그런데 재수강을 어렵게 하고 학점 경쟁을 부추기면 그 비용이 누구에게로 전가되나요? 경쟁하는 학생들 개개인에게 전가됩니다. 인재를 판별하는 데 애써 비싼 비용을 직접 지출하느니 개개인을 더 치열한 경쟁에 몰아넣고 살아남는 학생들만 취하겠다는 입장입니다. 우리 사회의 교육이 공공의 지출로서 공공의 목적을 위해 이뤄지는 것이 아니라, 좋은 삶을 향한 사적인 경쟁과 비용 부담으로 이루어지고 있는 셈입니다.

둘째로 미래융합대학은 대학권력 자체의 잇속을 챙기기 위한 사업의 성격도 너무 강했습니다. 이전부터 총장은 등록금이 낮으니 인상을 허가해야 한다는 이야기를 자주 했습니다. 대학의 등록금 의존율이 높아서 등록금을 동결하는 데에도 한계가 있다는 것이죠. 대학 내 적립금, 줄어드는 인구 등을 생각할 때 재정 문제는 학생들의 등록금 부담을 무작정 늘리는 방향이 아니라, 국가보조금이나 재단전입금(학교를 운영하는 사학 재단이 대학 운영을 위해 내는 돈) 확대 등을 통해 해결해야 할 문제였는데도 말이에요. 정부는 대학생들의 불만을 감당할 자신이 없었는지 등록금 인상에 대한 허가를 내주지 않았습니다. 그러자 학교는 자유전공학부를 폐지하고 그 정원을 더 높은 등록금을 받는 미래융합대학 정원으로 전환하겠다는 안을 제출했습니다. 이건 등록금 수입을 확대하고자 하는 대학의 꼼수였습니다. 사실상 거둬들이는 등록금을 얼마나 잘 쓰고 있는지 확인하기도 쉽지 않은데, 무작정 (미래에 들어올) 학생들의 등록금 부담만 늘리는 건 옳지 않게 보였습니다.

셋째로 미래융합대학 설립이 아무리 좋은 사업이라 하더라도 그 결정 과정이 매우 비민주적이었습니다. 갑자기 자유전공학부가 폐지되면 자유전공학부에 다니는 학생들은 하루아침에 후배들이 사라지고, 학생회는 고립되며, 졸업 등에 있어서도 곤란을 겪을 수밖에 없습니다. 폐지된 학부의 졸업 요건을 위한 과목이 계속해서 개설되리라는 보장조차 없잖아요. 자유전공학부 학생들에게는 마른하늘에 날벼락 같은 소식을 학교가 혼자서 결정한 셈이었습니다. 문제는 이러한 결정을 내리고도 학교는 학생들과 소통할 생각이 별로 없었다는 겁니다. 총장은 해외 출장을 가겠다고 했고, 학교 측에서 연 미래대학 설명회에서는 학생들의 입장을 수용할 생각이 없어 보였습니다.

그래서 학생들이 선택한 것은 학교와의 전면전이었습니다. 각 학생대표자들이 학생들에게 학사 제도 변경안의 불합리함을 설득한 끝에 2,000여 명의 학우들을 모아 학생총회를 열 수 있었습니다. 학교 측의 학사 제도 개정 철회에 대한 학생들의 여론을 모아내는 데 성공한 것입니다. 그리고 본관을 점거하면서 학교와의 힘겨루기에 들어갔습니다. 처음에는 학교도 학생들을 구슬려서 적당히 넘어가려고 했습니다. 하지만 본관까지 점거한 상태에서 교무위원회 회의까지 학생들이 점거하자, 학교 측도 더 이상의 대안이 없다고 판단했는지 백기를 들었습니다. 미래융합대학 신설을 골자로 하는 학사 제도 개편안을 완전히 철회한 겁니다. 지금 와서 생각하면 2016년 말 한창 입지가 흔들리고 있던 박근혜 대통령의 정책(산업 수요 맞춤형 교육)과 맥을 같이하는 사업이었다는 점, 이미 이화여자대학교에서 비슷한 문제로 대규모 학생 저항이 있었다는 점이 겹쳤기에 이길 수 있었다는 생각도 듭니다. 그럼에도 불구하고 대학이 권력을 쥔 자들의 의지에 의해서만 좌우되는 것이 아니라, 학생의 의견 역시 반영되어야 한다는 점을 확인했다는 측면에서 의의가 있습니다.

당시에 교무위원회를 점거하러 갔을 때 교무처장과 대치하면서 나눴던 이야기들이 기억에 선명합니다. 교무처장은 지금껏 100여 년이 넘는 기간 동안 학사 제도는 교무위원회 회의에서 결정하는 것이 전통이었다고 제게 말했습니다. 그러니 전통을 존중하고 학생들은 그만 물러나라는 것이었죠. 그러나 저도 질 수 없었습니다. 그래서 쏘아붙였습니다. 학교의 전통만 전통이 아니라, 학교의 민주화를 위해 싸운 선배들의 전통 역시 전통이라고 말입니다. 대학을 현장으로 삼아 그 공간을 더욱 자유롭고 평등하게 만들고자 했던 사람들, 그 사람들의 전통이 우리에게도 있는 것입니다.

그 시절

1995년 11월 21일,
우리는 대학수학능력시험을 보기 위해
관광버스에 올라탔다.

눈물이 흘렀다. 무서웠다.
창밖을 보니 엄마도 울고 있었다.
왜 울어. 시험 보러 가는 건데.

3시간 가량을 달려 포항에 도착했다.
시험 장소인 **여고에서 임시소집을 마치고
학교 근처 여인숙에 짐을 풀었다.
너무 허름해서 참담했다.
손바닥만 한 방에 십여 명을 우겨넣었다.
베개도 인원수만큼 없어서 책가방을 베고 잤다.
이불도 모자라서 발만 겨우 덮었다.

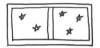

다른 애들은 자기 동네에서
시험을 볼 테지. 집에서 자고,
엄마가 해주는 밥 먹고
시험을 보러 갈 테지.
하지만 우리는 아니었다.

믿기지 않겠지만,
아침을 먹으려고 식당에 갔더니
미역국이 나와 있었다.

망좀 짱!

수능 고사장에 들어가려니
신발을 벗으란다. 담임이 실내화
필요없다고 해서 안 갖고 왔는데...
양말만 신고 들어갔다.
시멘트 바닥이라 발이 시렸다.

2교시를 마치고 도시락을 꺼냈다.
센스 쩌는 식당 주인장이 손수 준비한
도시락이었다. 하얀 스티로폼 도시락 한 개.

 절반은 밥, 절반은 반찬이었다.

단무지 세 쪽과 멸치 십여 마리,
분홍소시지. 소시지는 고무로 만들었는지
씹히지가 않았다.

 아마도
→ 반영구 물질로 만들어짐.
半永久

외국어 영역을 마치자 눈물이 줄줄 흘렀다.
엎드려 꺼이꺼이 울었다.
이 날을 위해, 겨우 이 짧은 순간을 위해
살아왔구나. 시험을 망치면 모든 게
끝인 현실이 너무 싫었다.
그런 세상에 살아야 하는 게
서러웠다.

이번 추석 때, 엄마가 수능 보러 가던 날
이야기를 꺼냈다. 엄마는 그날만 생각하면
너무 마음이 아프다고 했다.
친구 몇몇은 부모가 따로 데려고가서
호텔에서 자고 시험을 보러 갔단다.
엄마는 그게 너무 미안하고 마음 아프다고 했다

엄마,
왜 울어?
시험은 내가
보는데…!

엄마, 나는 그런 애가 있는 줄도 몰랐어.
내 친구 대부분은 나랑 똑같이
먹고 자고 시험 봤어.
나는 그것 때문에 마음이 아프거나
속상한 적이 한 번도 없었어.
아이고, 주책이야. 23년 전 일인데
잊어버려. 정작 나는 기억도 안 나는구만.

아, 나도 마음 아픈 거
있어. 그날 생각하면
아직도 코끝이 시큰해.
서울로 떠나기 전날,
엄마가 내 방 닦다가
갑자기 울었잖아.
나도 눈물 나서
혼났어.

엄마, 왜 울어.
공부하러 가는 건데.
울지 마.

그렇게 온 대학에서
나는 뭘 했나.
다시 오지 않을 그 시절에….

지금보다
나아질 거야

삶을 받아들이고 삶을 있는 그대로 차지한다? 바보 같은 소리다. 그럼 달리 취할 방법은? 우리가 삶을 차지하기는커녕 오히려 삶이 우리를 차지하고 필요할 경우에는 우리의 입을 틀어막는다. 인간 조건을 받아들인다? 그게 아니라 반대로, 반항이 인간의 본성 속에 잠재한다고 나는 믿는다.[26]

알베르 카뮈가 1933년 대학생 시절에 쓴 글입니다. 카뮈가 1913년에 태어났으니 딱 그가 20살 남짓하던 해네요. 삶은 있는 그대로 받아들일 수 있는 것이 아닙니다. 대부분의 경우 살아남기 위해 발버둥치는 것만으로도 힘든 것이 삶이죠. 우리가 조금이라도 더 인간다운 삶을 추구하는 한 삶은 있는 그대로 받아들일 수 없습니다. 그렇다면 삶을 어떻게 취할 수 있을까요? 이 경우에도 카뮈는 낙관하지 않습니다. 우리가 삶을 취하기는커녕 삶이 우리를 차지하고 우리의 입을 틀어막는 경우가 더 많다고 말합니다. 앞에서 이야기했듯이 살아남기가 살아가기를 가로막고 짓누르는 경우가 더 많습니다. 그럼에도 불구하고 카뮈는 말하죠. 인간의 본성 속에는 그러한 조건에 반항하는 것이 꿈틀댄다고요. 카뮈의 말에는 살아간다는 것이 주는 감동이 잘 녹아들어 있습니다. 삶은 그대로 받아들일 수도 없고 취할 수도 없는 것이지만, 삶이 내리누르는 무게에 맞서서 함께 저항하고 몸부림치는 것이기도 합니다. 대학생으로서 사는 것도 그와 다르지 않습니다. 나를 대학생으로 규정하고 있는 이 사회적 조건들에 맞춰 살아남아야 하지만, 동시에 그것에 저항하면서 내 삶을 만들어야 합니다. 이 책이 그렇게 살고자 하는 사람들에게 아주 조금이라도 도움이 되었다면 더 바랄 것이 없겠습니다.

그래도 세상 한 가운데

어차피 혼자 걸어가야만 한다면

눈 뜨고 잘 듣고 목소릴 내보면

그럼 지금보다 나아지겠지

그리고는 천천히 살아가는 거지

— 옥상달빛, '희한한 시대' 중에서

1 대학생이 아니라 '청년'으로 눈을 돌리면 그나마 몇 권의 저작들과 논문들을 찾을 수 있습니다. 바꿈청년네트워크의 저작들(《세상을 바꾸는 청년 사회 입문서》,《청년 사이 꿈을 묻다》)도 있고 최근에는《청년 현재사》(김창인·전병찬·안태언, 2019)도 나왔죠. 그러나 '대학생'이라는 키워드가 주가 되는 경우는 거의 없는 것 같습니다.

2 대학에서는 학생들을 일컬어 '같이 공부하는 벗'이라는 뜻에서 학우들이라고 부릅니다. 예컨대 학교에 학생이 2만 명이라고 하면 "2만 학우" 이런 식으로 부르죠.

3 서울연구데이터베이스의 자료 참고(http://data.si.re.kr/node/54#).

4 https://www.brookings.edu/research/global-metro-monitor/

5 오늘날 많은 사람들이 착각하는 논점이 이와 관련되어 있습니다. 사람들이 '과도한 정치적 올바름(PC, Political Correctness)'이 문제라고 말할 때, 사실 그들이 말하는 핵심은 정치적 올바름이 지향하는 존중과 평등에 대해서가 아닙니다. 만약 그렇다면 자기는 평등하고 자유로운 사회 자체를 허구라고 생각하는 지독한 차별주의자라고 자임하는 셈이니까요. 오늘날 제기되어야 할 문제는 타인을 불가해한 대상으로 전락시키고, 딱지를 붙이고, 배제하는 태도입니다. 이런 태도는 불평등을 비롯한 공동의 문제를 해결할 가능성을 좁힙니다. 물론 PC를 토론과 대화의 도구가 아니라, 판결을 내리고 상대를 배제하기 위한 무기로 휘두르는 사례가 있을 수 있습니다. 하지만 그런 일부에 대한 과장되고 왜곡된 이미지가 PC에 대한 공허한 비판을 낳는 것

같아 아쉽네요.

6 다만 이 글을 쓰고 있는 2018년 현재 동원글로벌익스플로러 프로그램은 중단된 상태입니다.

7 대학에서는 입학생들을 학교가 자체적으로 운영하는 포털 사이트에 가입하게 합니다. 무슨 말인지 잘 이해가 되지 않는다면, 자기 학교에 가입하면서 발급받은 이메일을 운영하는 사이트라고 보면 됩니다. 이 포털 계정을 활용해서 졸업, 학점 등 다양한 대학 내 업무를 확인하고 관리할 수 있습니다.

8 (지금은 사라졌지만) 대통령 직속 위원회 가운데 하나인 청년위원회에서 발행한 자료를 참고했습니다.

9 브로콜리 너마저, 〈졸업〉 중에서.

10 대학과 대학교를 구분해서 쓰기도 하지만, 이 책에서는 '대학'으로 통일하겠습니다.

11 요시미 순야, 《대학이란 무엇인가》, 글항아리, 1~3장.

12 영국의 정치철학자인 마이클 오크숏(Michael Oakeshott)도 '우니베르시타스'라는 용어를 씁니다. 오크숏은 인간의 사회적 조직을 우니베르시타스와 소키에타스(societas)로 구분하는데요. 우니베르시타스는 구성원들이 함께 추구해야 할 일반의·공통의 목적(universal interest)을 설정하는 목적적 조직체(enterprise)를 일컫습니다. 우니베르시타스를 이렇게 정의하는 데에는 실제로 우니베르시타스가 공통 이익을 위해 조직된 조합을 의미했던 역사적 배경이 있습니다.

13 임마누엘 칸트,《학부들의 논쟁》, 도서출판b.

14 빌 레딩스,《폐허의 대학》, 책과함께. 110쪽.

15 빌헬름 폰 훔볼트,〈인류의 정신에 대하여〉,《인간 교육론 외》, 책세상, 40쪽.

16 빌 레딩스와 요시미 순야 모두 민족문학의 영향력을 강조하고 있습니다. 보편적 인류에게 적용되는 철학 대신에 특정한 민족의 언어로 쓴 문학을 배우는 풍토가 대학에 자리 잡으면서 대학이 국민국가에 필요한 국민을 양성하는 역할을 더욱 적극적으로 수행하게 되었다는 것입니다. 레딩스는 독일에서의 상황을 이렇게 정리합니다. "비록 훔볼트의 이성관이 더 사변적이고 보편적이었고 그의 국가관이 피히테의 것보다 종족에 뿌리를 덜 내리고 있었다 해도, 대학의 발전은 실제로는 피히테적인 길을 따랐고 소양 기르기의 과정은 주로 종족적 맥락에서 정의되었다. 우리의 이야기를 계속하자면, 종족성을 문화에 연계시켰던 도구는—특히 영어권 세계에서—민족문학 개념의 창안이다."(《폐허의 대학》, 책과함께, 117~118쪽)

17 빌헬름 폰 훔볼트,〈베를린 고등 학술 기관의 내외 조직에 대하여〉,《인간 교육론 외》, 책세상, 143쪽.

18 원제는〈Mochlos ou le conflit des facultés〉로 국내에는 아직 번역된 텍스트가 없습니다.

19 윤동구,〈대학, 번역, 책임 : 칸트와 데리다의《학부들의 논쟁》〉,《순천향 인문과학논총》37(1), 117~151쪽.

20 Jacques Derrida, *The Future of the Profession or the Unconditional*

University, 《Deconstructing Derrida》, Palgrave Macmillan.

21 언어학에서 인도와 유럽 언어들의 공통 조상이 된 것으로 여기는 고대어를 말합니다.

22 나카마사 마사키, 《자크 데리다를 읽는 시간》, 아르테, 102~103쪽에서 재인용.

23 요시미 순야, 《대학이란 무엇인가》, 글항아리, 164쪽.

24 안병영·허연섭, 《5.31 교육 개혁 그리고 20년》, 다산출판사, 20쪽.

25 노기호, 〈고등교육 분야 교육 규제 개혁 처리 현황과 과제〉, 《유럽헌법연구》(17), 567~600쪽.

26 알베르 카뮈, 《젊은 시절의 글》, 책세상.